AF380796

Peter Huchel

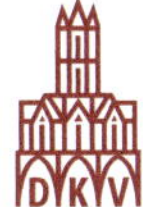

LEBEN IN BILDERN

Herausgegeben von
Dieter Stolz

Peter Huchel

Matthias Weichelt

DEUTSCHER KUNSTVERLAG

Für
Christine

»Ein großer Mann, mit dem sein Land
nichts anzufangen wußte –
und ein Weltautor, dessen Gedichte aus der
märkischen Landschaft geschöpft sind.«

Lutz Seiler

Inhalt

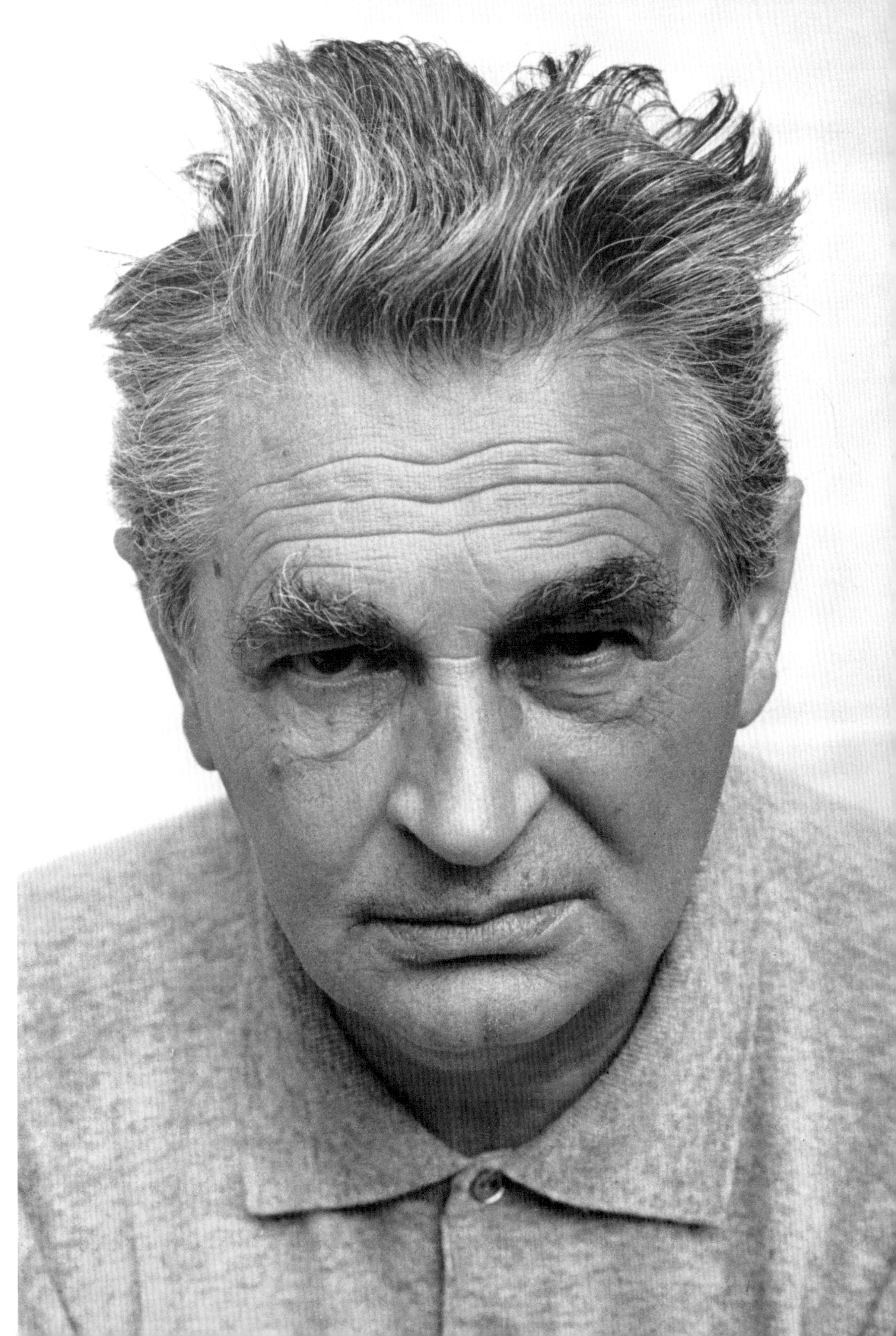

Der Dichter und sein Gesicht

Um herauszufinden, ob jemand ein Dichter ist, muss man keine Zeile von ihm gelesen haben. Einen Dichter, sagte Joseph Brodsky, erkennt man auf den ersten Blick, an seinem Gesicht. Und von allen deutschen Schriftstellern, die Brodsky kennenlernte, war nur Peter Huchel auf diese Weise identifizierbar. Als beide sich 1973 begegneten, war Huchel siebzig Jahre alt, sein Gesicht gezeichnet von der Zeit der Isolation, dem zermürbenden Warten auf die endlich genehmigte Ausreise, dem Abschied von der geliebten märkischen Heimat. Trotz der tief in die hohe Stirn gegrabenen Falten, der schlaff herabhängenden Tränensäcke, der grau und buschig über den Augen wuchernden Brauen war die Aura des Dichters noch spürbar, vielleicht stärker als je zuvor. Auch auf den früheren Fotografien ist sie nicht zu übersehen, mit dem schmalen Gesicht der Jugend- und ersten Erwachsenenjahre, den Aufnahmen mit dem hageren Kopf der Kriegs- und Nachkriegszeit, dem selbstbewussteren, männlicheren, schon massigeren Haupt des Chefredakteurs und Nationalpreisträgers. Die wachen, dunklen, tiefliegenden Augen, der sinnliche, markante, im Lauf der Jahre immer mehr nach unten gezogene, auf Bildern selten lächelnde Mund, die dominante Nase, das römische Kinn vermitteln einen ganz eigenen, Offenheit und Versunkenheit verbindenden Blick auf die Welt. »Auf den Fotografien / Sieht jeder wie tief Ihre Augen gesehen haben«, heißt es in Rolf Haufs' Gedicht »Bildnis Peter Huchel«. Und in seinen *Erinnerungen an Peter Huchel* schreibt Christoph Meckel, dieser hätte anders als die meisten Menschen keine Maske gehabt; »er lebte mit seinem Gesicht«.

Der schmale Umfang des letztlich nur vier Bände umfassenden Werks, das Huchel zu Lebzeiten veröffentlichte, steht in einem paradoxen Verhältnis zur Wirkung und Bedeutung seiner Gedichte. Die oft überlagert wurde von seinem Ansehen als Chefredakteur von *Sinn und Form*, der literarischen Zeitschrift, die durch ihn internatio-

»Für Photographen und Friseure war ich nie ein guter Kunde.« Peter Huchel, aufgenommen von seinem Stiefsohn Roger Melis 1965 in Wilhelmshorst.

Gespräch mit Horaz

Totgeboren dein Vers, Narr, unterm Gestampf
der Kohorten.

Die Kohorten, wo sind sie? mein Vers geht
ins dritte Jahrtausend.

für Peter Huchel 3. 4. 1968

Heiner Müller

nalen Ruhm erlangte, und seiner öffentlichen Rolle als Verbannter im eigenen Land. In diesen Jahren bildete sich die dichterische Physiognomie immer stärker heraus, veränderte sich wie seine poetische Sprache, die an Kontur und Ausdruckskraft gewann. Was nahezu gleich blieb, war die Auswahl der Motive und Bilder, das durch Landschaftserlebnisse und Lektüreerfahrungen gewonnene Material. Wie bei wenigen Dichtern war die Wunderkammer der lyrischen Formeln, Eindrücke und Gebärden früh gefüllt, Huchel bediente sich sein Leben lang aus ihr. Ein Schatz, der mit jedem Zugriff wuchs, ein Reichtum, der nie versiegte. Gerade auch in jener Zeit, als jegliche Reisen verboten, jeder Kontakt belastet war. Daher rührt Huchels Treue zu seinen Anfängen, sein poetischer Konservatismus. Wer von Jugend an die Sicherheit hat, auf alles, was ihm begegnet, mit Sprache reagieren zu können, muss ein Dichter sein. Peter Huchel war einer. Die Bilder und die Texte seines Lebens zeugen davon.

Als Präsident der Berliner Akademie der Künste später einer der Verteidiger von Huchels Zeitschrift *Sinn und Form*: Heiner Müller, »Gespräch mit Horaz«. Handschriftliche Zueignung an Peter Huchel vom 3. April 1968.

Wind umzauste Höfe im Land!
Meine Brücken geht nicht mehr abwärts.
Aber aus ihren Ställen der Sand
Weht ~~heiß~~ brennend über mein Herz.

[illegible]

Die Landschaft des Kindes

Wenn ich an das Dorf denke, in dem meine Mutter groß wurde und in dem ich später aufwuchs, so sehe ich das hohe weiße Doppeldachhaus in Alt-Langerwisch. Hier hörte ich zum erstenmal in meinem Leben Verse, lange Balladen über den Räuber Rinaldo Rinaldini, über den unglücklichen Kaiser auf Sanct Helena, Spottverse auf Landräte und Pastoren. Der sie mir vortrug, abends am Küchenfeuer, war auch ihr Dichter, es war mein kauziger Großvater, der sich schließlich nur noch und sehr zum Schaden seiner Landwirtschaft mit seiner kleinen Bibliothek beschäftigte […].«

Für das Berliner Stadtkind, das 1907, vier Jahre alt, wegen einer Lungenerkrankung der Mutter zu den Großeltern aufs Land kommt, muss dieser sonderbare Erwachsene, der die Bewirtschaftung des Hofes seiner Frau überlässt und sich mehr und mehr in Poesie und Privatgelehrsamkeit zurückzieht, außerordentlich anziehend gewesen sein: »Wenn ein Ast am Obstbaum zuviel Früchte trug, hat er nicht eine Gabel darunter gestellt, sondern ein Gedicht darüber gemacht.« Der Großvater hat, erinnert Huchel sich später, den Knaben bald so weit, dass sich auch in ihm etwas regt und er anfängt, »lebensuntüchtig zu denken«. Wenige Jahre später entstehen die ersten eigenen Verse. Auch das Interesse für Religiöses wird durch den ungläubigen, aber der Bibel und den Mystikern zugetanen Einzelgänger geweckt. Wie überhaupt die Leidenschaft für Bücher, die Neigung zu Hirngespinsten, der Mut zum Eigensinn. Und der Hang, an seinen Ansichten bis zur Verstocktheit festzuhalten.

Peter Huchels Mutter Marie (l.) und die Großeltern, Emilie und Friedrich Zimmermann. Aufnahme um 1892. Am Rand die handschriftlichen Verse von Peter Huchel: »Windumsauste Höfe im Land! / Meine Mutter geht nicht mehr auswärts. / Aber aus ihren Schuhen der Sand / Weht [gestrichen ›leise‹] brennend über mein Herz.«

Im Sammelsurium der großväterlichen Bibliothek mit ihren Gespensterromanen und den *Schriften der freireligiösen Gemeinde* sei für einen phantasiebegabten Jungen nicht viel zu holen gewesen, schreibt Huchel 1975 in *Erste Lese-Erlebnisse*. Dafür werden die verstaubten

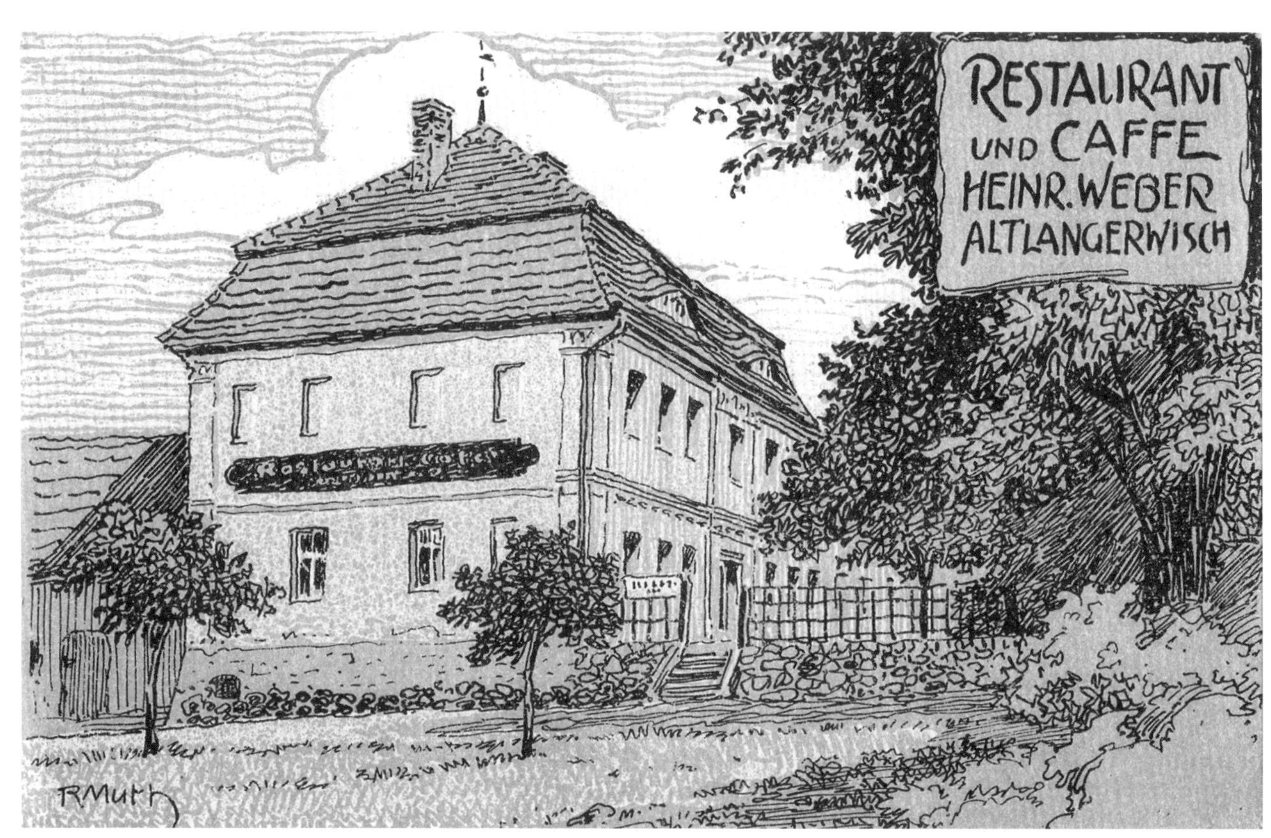
RESTAURANT
UND CAFFE
HEINR. WEBER
ALTLANGERWISCH
R.Muth

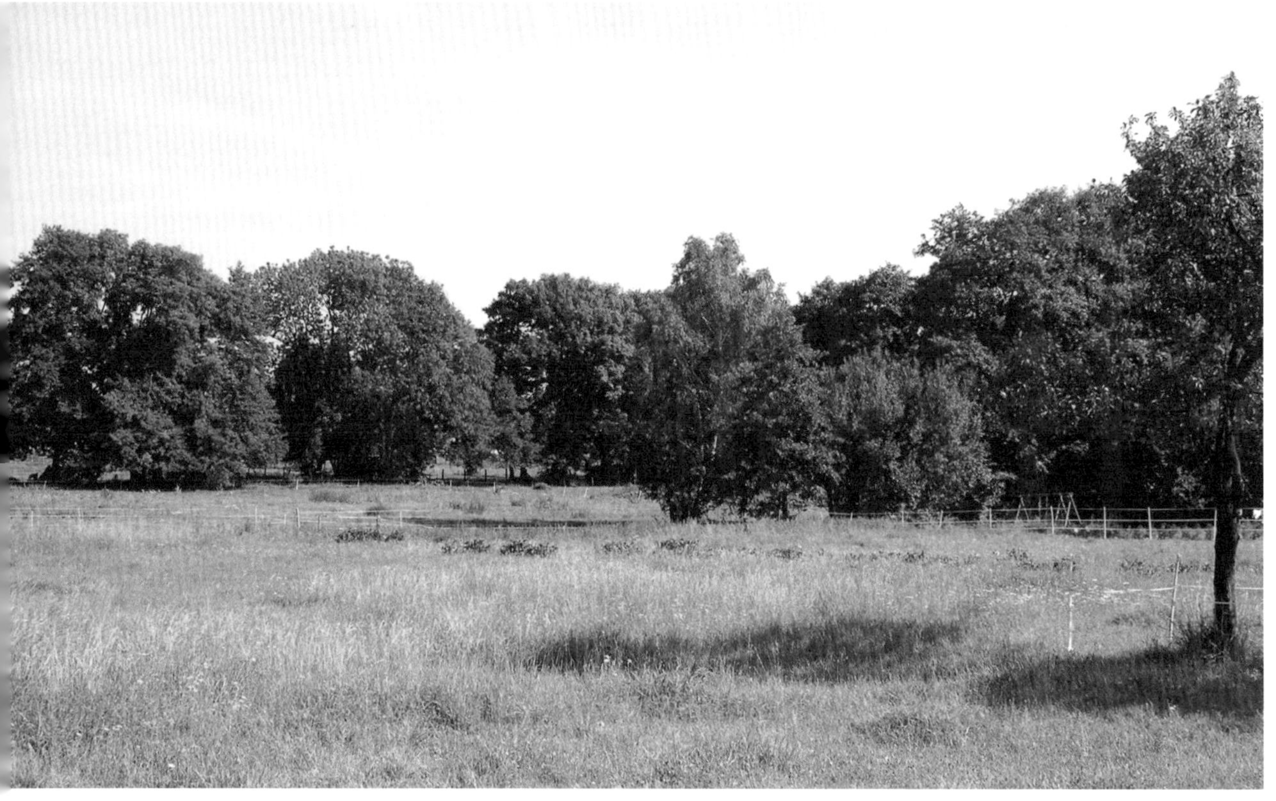

Bände des nach den Freiheitskriegen erschienenen *Forst- und Jagdarchivs von und für Preußen*, die er im verbotenen Gewehrschrank aufstöbert, zum großen, erregenden Lektüreabenteuer: »Es gab etwas auf der Welt, das ausschließlich mir und keinem anderen gehörte, es war gestohlen, das erhöhte den Reiz.« In seiner Phantasie begleitet das Kind den Oberlandforstmeister Georg Ludwig Hartig auf seinen Reisen, folgt ihm auf Wolfs- und Elchjagden nach Preußisch-Litauen, wo man abends an mächtigen Lagerfeuern sitzt. Die Bände, die so viel Platz für eigene Gedanken und Träume lassen, zum Nachspielen und Weiterspinnen anregen, ziehen den Jungen in ihren Bann. Und fordern seinen Widerspruch heraus: Als er einen Bericht über angebliche Holzhauerstiefel aus Eis für allzu unglaubwürdig hält, geht der kleine Helmut (Peter nennt er sich erst in den zwanziger Jahren) den Ungereimtheiten auf den Grund und sagt sich von seinem Idol los. Denn auch das hat er vom Großvater gelernt, »daß man seinen Gefühlen nicht trauen soll, überprüfe die Wirklichkeit, mit halben Maßnahmen ist nichts getan«.

Alt-Langerwisch, das kleine, nahe Potsdam gelegene Dorf, wo das Kind zwei Jahre lang aufwächst und bis zum Verkauf des Hofes 1919 seine Ferien verbringt, wird zum Hort der Geborgenheit und des Geheimnisses, nach dem Huchel sich immer zurücksehnt. Sein späterer Lebensort Wilhelmshorst ist nur wenige Kilometer entfernt. Wäre es nach ihm gegangen, hätte man ihn wie die Großeltern im märkischen Sand begraben. Auf ihrem Gut lernt er die harte bäuerliche Welt, die Landwirtschaft mit Ziegen, Pferden, Kühen, Hühnern und Schafen, mit Heide, Äckern und Wiesen kennen, bestimmt vom immer gleichen Rhythmus des Fütterns und Melkens, des Pflügens, Säens und Erntens: »Ich höre immer noch das laute Drämmern der Eimer an der Pumpe, das Klirren der Kannen nach dem Fünf-Uhr-Melken in der Frühe, ich sehe die Ställe, die Scheune, den Garten dahinter, sehr verwachsen, die Grillen wetzen, unten im Keller, wo man auch buk, riecht es nach Äpfeln und Winterstroh.« Als Huchel sich in den fünfziger Jahren an einem Langgedicht über die Bodenreform versucht, ähnelt das darin geschilderte dörfliche Leben mehr diesen Erinnerungen an Äpfel und Winterstroh als den agrarwirtschaftlichen Zuständen der Nachkriegszeit.

In Huchels frühen Veröffentlichungen tauchen die Bewohner des Hofes immer wieder auf, die fürsorgliche Großmutter im Erinnerungstext *Frau* (1931), der eigenbrötlerische Schäfer Ziegener, der Tiere mit Zaubersprüchen heilt und das Wetter nach dem Bau der Spinnweben

»... das aus dem Beginn des achtzehnten Jahrhunderts stammende Gutshaus meines Großvaters, ein alter Barockbau, den ein Mansardenwalmdach abschloß«. Restaurant und Caffe Heinrich Weber, der frühere Gutshof der Großeltern in Alt-Langerwisch. Historische Postkarte.

»Wendische Heide, weißes Feuer, / du Bütte Gold und Mittagsspuk, / die Grille huschte, schrillte scheuer / am Stein, der keinen Schatten trug.« (»Wendische Heide«, in: *Gedichte*, 1948). Der Mittelgraben in Alt-Langerwisch. Foto von Peter Walther.

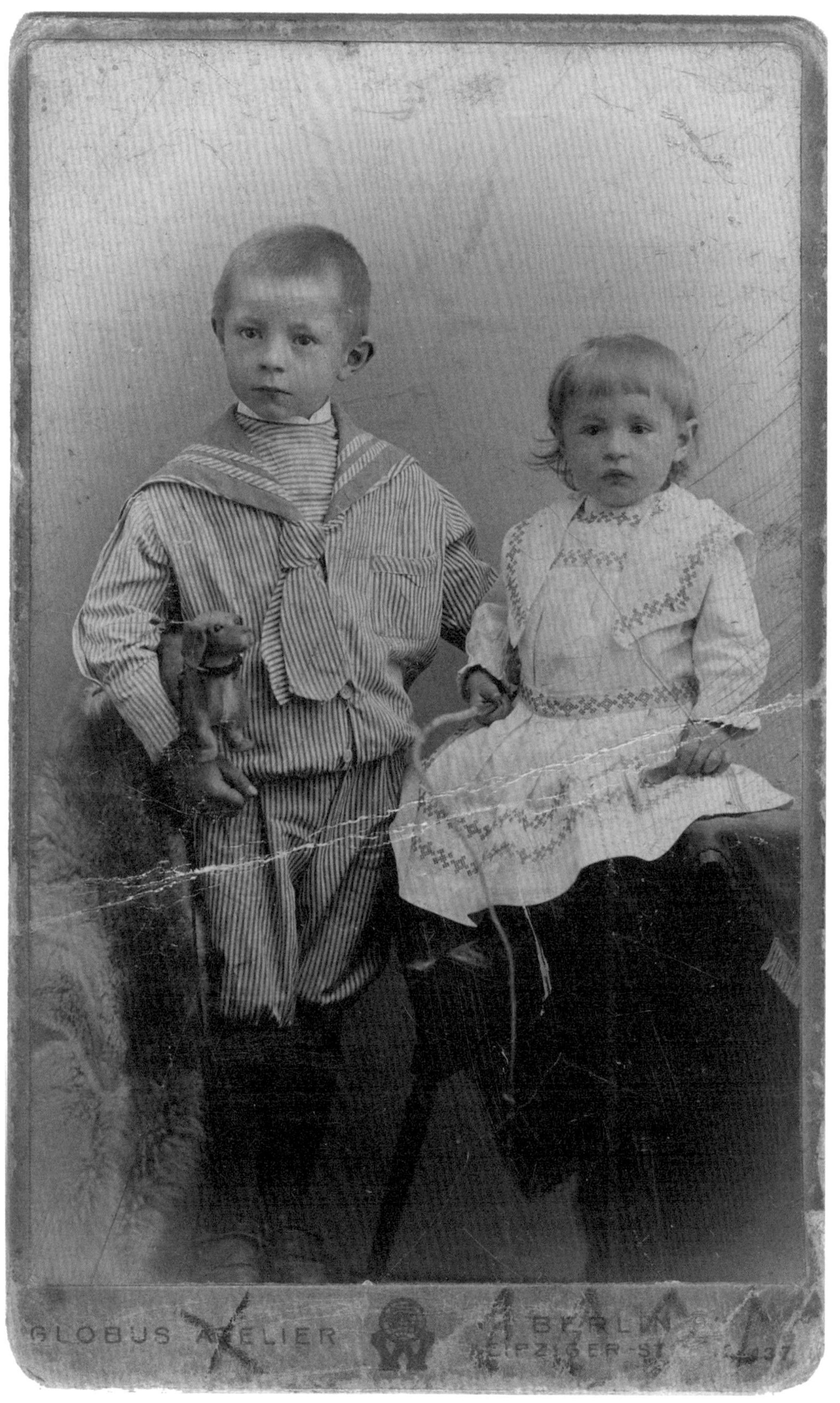
GLOBUS
BERLIN

vorhersagt, im Hörspiel *Der letzte Knecht* (1936), der Großvater in der Filmnovelle *Der Nobiskrug* (1938), die sich aufopferungsvoll um den ihr anvertrauten Jungen kümmernde Magd Anna in *Die Magd und das Kind*, einer »Dichtung für den Rundfunk« (1935), aus der etliche Verse separat als Gedichte erscheinen:

»Ich frier, nimm mich ins Schultertuch.
Warm schlaf ich da im Milchgeruch.
Die Magd ist mehr als Mutter noch.
Sie kocht mir Brei im Kachelloch.

Wenn sie mich kämmt, den Brei durchsiebt,
die Kruke heiß ins Bett mir schiebt,
schlägt laut mein Herz und ist bewohnt
ganz von der Magd im vollen Mond.

Sie wärmt mein Hemd, küßt mein Gesicht
und strickt weiß im Petroleumlicht.
Ihr Strickzeug klirrt und blitzt dabei,
sie murmelt leis Wahrsagerei.

Im Stroh die schwarzen Hähne krähn.
Im Tischkreis Salz und Brot verwehn.
Der Docht verraucht, die Uhr schlägt alt.
Und rehbraun rauscht im Schlaf der Wald.«

Das Hörspiel gibt einen lebhaften Eindruck von der engen Verbindung zwischen der kinderlosen, sich mütterlich sorgenden Frau und dem anhänglichen, aufgeschlossenen Jungen. Und lässt erahnen, wie stark Huchels Gefühl für Sprache und Rhythmus von den als Kind gehörten Redewendungen und Ausdrücken geprägt wird. Zeitlebens sind ihm die gesprochenen, gemurmelten, noch nicht fertigen Verse wichtiger als das gedruckte Gedicht, sagt er einzelne Zeilen wieder und wieder vor sich hin, notiert poetische Einfälle auf Zetteln, bevor er sie, zögernd und widerwillig, endgültig fixiert. Dass Verse vom Gesang herrühren und mit Zauber- und Orakelsprüchen verwandt sind, ist für Huchel keine philologische Erkenntnis, sondern kindliche Erfahrung. Daher lebt die Vorstellungswelt der ersten Gedichte, wie der Herausgeber der *Gesammelten Werke* Axel Vieregg gezeigt hat, bis in die Formensprache der späteren Texte fort, bleibt durch die Oberfläche der knapper, konzentrierter werdenden Verse sichtbar und hat Teil an deren magischer Wirkung.

Peter Huchel (r.) mit seinem älteren Bruder Fritz, um 1905.

Denn die Natur, weiß der Junge aus den Erzählungen der Magd, ist verzaubert, Spukgestalten wie Herbstmarie und Roggenmuhme, vor denen man sich besser hütet, sind in ihr zuhause. In Schule und Kirche wiederum lernt er, der Mensch solle sich die Erde untertan machen. Und er begreift, dass die Natur nicht heil und unversehrt, sondern ständigen Veränderungen ausgesetzt ist. Daher gibt es in Huchels Dichtung weder unberührte Idylle noch arkadisches Ideal, die Natur ist vielmehr Schauplatz menschlicher Eingriffe, Ort elementarer Erfahrungen, untrennbar verflochten mit Geschichte und Kultur. Dann trägt, wie Huchel später sagt, »der Mensch die Züge der Natur, und die Natur nimmt das Gesicht des Menschen an«. Allerdings nicht im »Glück des anschauend Fühlens«, wie es Wilhelm Lehmann, damals unangefochtener Patron der Naturlyrik, unentwegt einfordert: Huchel wehrt sich vehement dagegen, zur Gefolgschaft der »Gräserwisperer« gezählt zu werden. Lehmann wiederum wirft ihm nach dem Krieg unscharfe, da mimetisch nicht präzise Metaphern vor. Doch Huchel will Landschaft weder fotografisch wahrnehmen noch als »Lied zur Laute« besingen. Mensch und Natur begegnen sich in seinen Gedichten vielmehr als Handelnde, ihr Zusammentreffen wird zur Konfrontation. Daraus entstehen poetische Zeichen, die auf etwas anderes, über den Gegenstand Hinausgehendes verweisen: »Ich raune ja meist meine Verse vor mich hin, ein paar Wörter sind da, vielleicht eine Metapher, ein paar Eisenspäne gleichsam. Sie kommen später in ein Magnetfeld hinein, werden strukturiert, es kommt zum Bild, zum Gleichnis, und dann ist das Gedicht da.« Und mit ihm eine sprachliche Form für die vom Menschen gestaltete Natur, in der selbst Götter und Geister ihren Platz haben.

Und auch die soziale Gemeinschaft des Dorfes, die Beschaffenheit der ländlichen Umgebung will Huchel unverfälscht wiedergeben, den Menschen ihre Sprache, den Orten ihre Namen, den Dingen ihre Bezeichnungen belassen. Darum werden Begriffe wie Entengrütze, Kalmus, Unke und Bekassine, Metaphern wie »Zauber der Zauche« und »schilfige Nymphe« in den frühen Gedichten fast protokollhaft eingesetzt und mit liturgischem Ernst wiederholt. Aus Chiffren der Einfachheit, dem urbanen Leser fremden, unverständlichen Beziehungen entsteht eine Exotik der Nähe, eine Überblendung der Herkunft. Noch in den sechziger Jahren erläutert Huchel gelehrten Kritikern mit nachsichtiger Ironie, was Ausdrücke wie Kalmus eigentlich bedeuten … Der Dichter weiß, woher er kommt und wovon er spricht. Und er will zeigen, dass er dazugehört.

Von »dieser großen Landschaft Brandenburgs« sei er nie losgekommen, erzählt Huchel nach seiner Ausreise, »und das bestimmte ein für allemal meine Lyrik, auch heute noch«. Schon in der Selbstanzeige seines ersten, kurz vor Drucklegung zurückgezogenen Bandes *Der Knabenteich*, in dem er seine poetischen Vorstellungen am Beispiel der Gedichte »Kindheit in Alt-Langerwisch« und »Herkunft« erläutert, schreibt er 1932: »Folgt man den Versen genauer, so wird man bald feststellen, daß manche Gedichte *nicht so sehr gesehen* sind als *gehört* (Schneebeeren, Kastanien knallen), als *gerochen* (Milchgeruch) und geschmeckt (das Kauen von Akazienblüten). Und da, wo die Landschaft gesehen wird, erscheint sie oft unter einem *anderen Licht*, gleichsam als sähe man sie durch ein farbiges Glas hindurch. So hielt man als Knabe eine bunte oder blakige Glasscherbe gegen den Horizont – und kam, wann immer, tiefer hinter den Tag, anders hinter seine Erscheinungen.« Das auf einsamen Streifzügen und beim Zusammensein mit Großeltern und Gesinde Gesehene und Gehörte geht in die Verse ein und prägt den lyrischen Ton:

»Herkunft

Daß ich kam im Schattenwind,
weiß davon das Haus?
Birnen duften mürb im Spind
alten Sommer aus.
Wo der Flegel sausend drosch,
fliegt das Korn zuhauf.
Wo am Bett das Öl erlosch,
liegt das Laken auf.

Als ich mit verharztem Haar
in die Kiefern kroch,
klangen laut vom Schwalbenjahr
Dach und Kammer noch.
Nachtgeläut umweht das Haus.
Und durchs kalte Tor
gehn die Freunde still hinaus,
die ich längst verlor.

Und der Kesselflicker auch,
der am Feuer saß,
hämmernd und im Küchenrauch,
den ich lang vergaß,

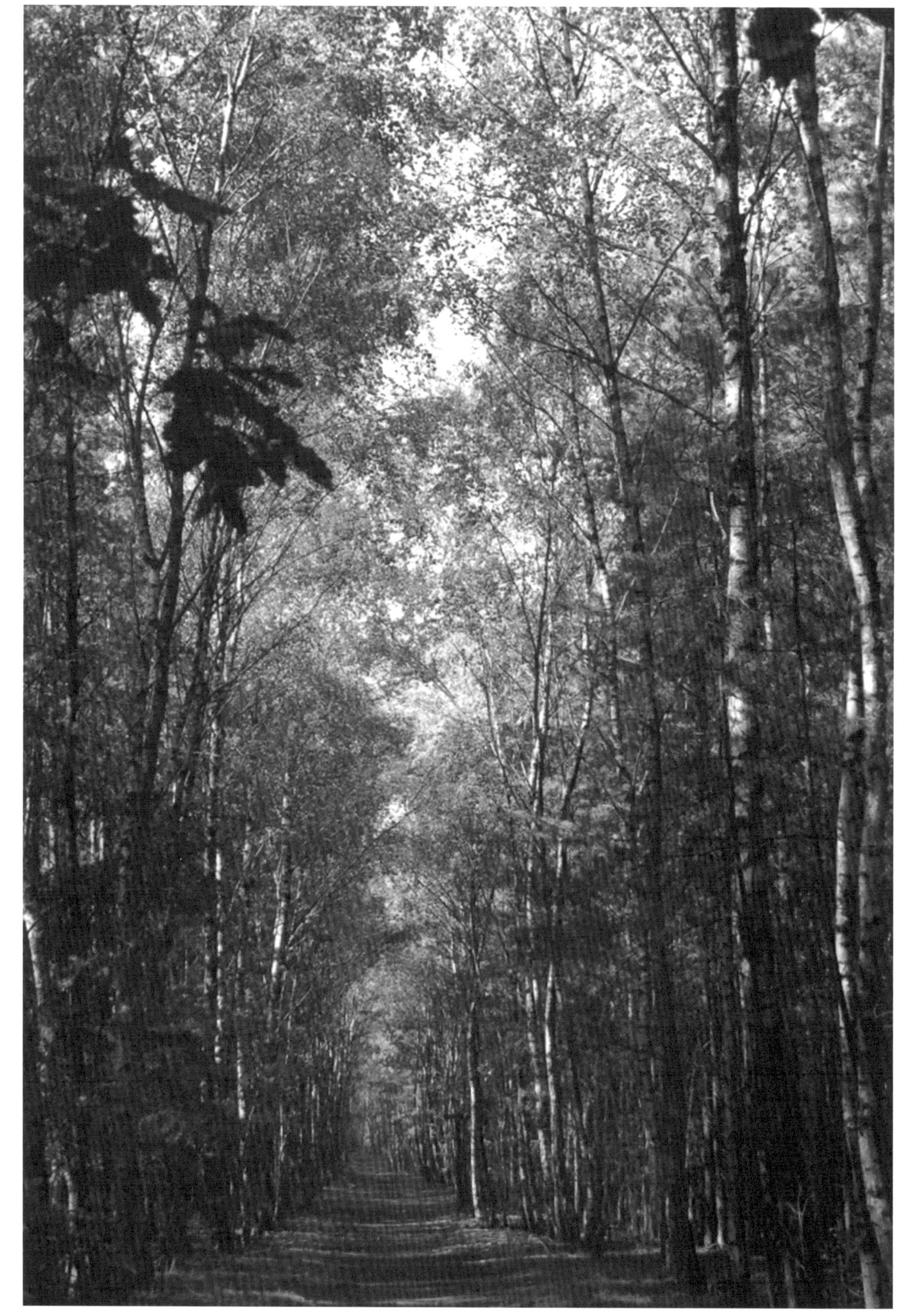

vor mir hockt er krumm und alt
und zigeunerisch,
kam nachts aus dem Krähenwald,
suchte Herd und Tisch.

Eh die Magd die Vesper bot
und vom Brotlaib schnitt,
ritzte sie das Kreuz ins Brot,
gab den Glauben mit.
Wenn es grün am Himmel tagt,
ob sie feldwärts eilt,
dienend noch, die graue Magd?
Weiß ich, wo sie weilt?

Und der Knecht, der grübelnd sann,
war der Tag kaum hell,
forschend, was die Spinne spann,
lief im Netz sie schnell,
seilte sie die Fäden fest,
zog ein Sturm herauf,
Regen blieb lang im Geäst,
war sie träg im Lauf.

Alle leben noch im Haus:
Freunde, wer ist tot?
Euern Krug trink ich noch aus,
esse euer Brot.
Und durch Frost und Dunkelheit
geht ihr schützend mit.
Wenn es auf die Steine schneit,
hör ich euern Schritt.«

Doch nicht nur hinter die Erscheinungen des Tages, auch hinter die eigenen Erinnerungen kann man mit Hilfe der Dichtung gelangen: »Aus diesen Kindheitstagen habe ich so viel Erfahrungen mit ins Leben genommen, daß mir noch heute alles deutlich in Erinnerung geblieben ist. Für mich ist dieses alte Haus, um Augustinus zu zitieren, ›der große Hof des Gedächtnisses, daselbst Himmel und Erde gegenwärtig sind‹, weit und grenzenlos.« Selbst in die dunkle vorbewusste Zeit der ersten Kindheit, die »mutternackte Frühe« führt die Poesie zurück. Der Geruch eines zerriebenen Nussbaumblatts lässt in einen verschollenen Sommer hineinsehen, der Anblick einer grau-

»Und wenn er barhaupt [...] über die märkischen Felder bei Potsdam schweift [...], mit leicht gesenktem Kopf einen sandigen, von hohen Birken gesäumten Flurweg entlanggeht, nein, eher schon entlangdöst, so kommt da aus der Vergangenheit ein Wendenbursche herauf.« (Günther Birkenfeld über Peter Huchel in der Zeitschrift *Ost und West*, 1947).
Birkenweg hinter dem Peter-Huchel-Haus in Wilhelmshorst, aufgenommen von Peter Walther.

Handschriftliche Anleitung zur Kuhbeschwörung, aufgeschrieben vom Knecht Ziegener, dem Huchel in der Novelle *Der Nobiskrug* und im Gedicht »Kindheit in Alt-Langerwisch« ein literarisches Denkmal setzte: »Hörten den Knecht beschwören die Kuh, / Kranke von Schierling und Klee: / Milch, blaue Milch, Satansmilch du, / im Namen des Vaters vergeh!«

en Steinschwelle einen längst vergangenen Abend vor Augen treten. »Oft sind es nur die ganz geringen, alltäglichen Dinge, die uns anrufen: eine Uhr schlägt, Vespergeläut, ein Hahn kräht. Aber das, was dunkel in uns lebt, antwortet darauf.« Es wäre »ein Irrtum«, sagt Huchel, »hierin nichts anderes sehen zu wollen als eine gewaltsame Auffrischung verblaßter Erinnerungen: *denn nicht wir rufen das Vergangene an, das Vergangene ruft uns an*«. Und wer für diesen Ruf bereit und empfänglich ist, wird auch die Heimat der Kinderjahre nie ganz verlieren.

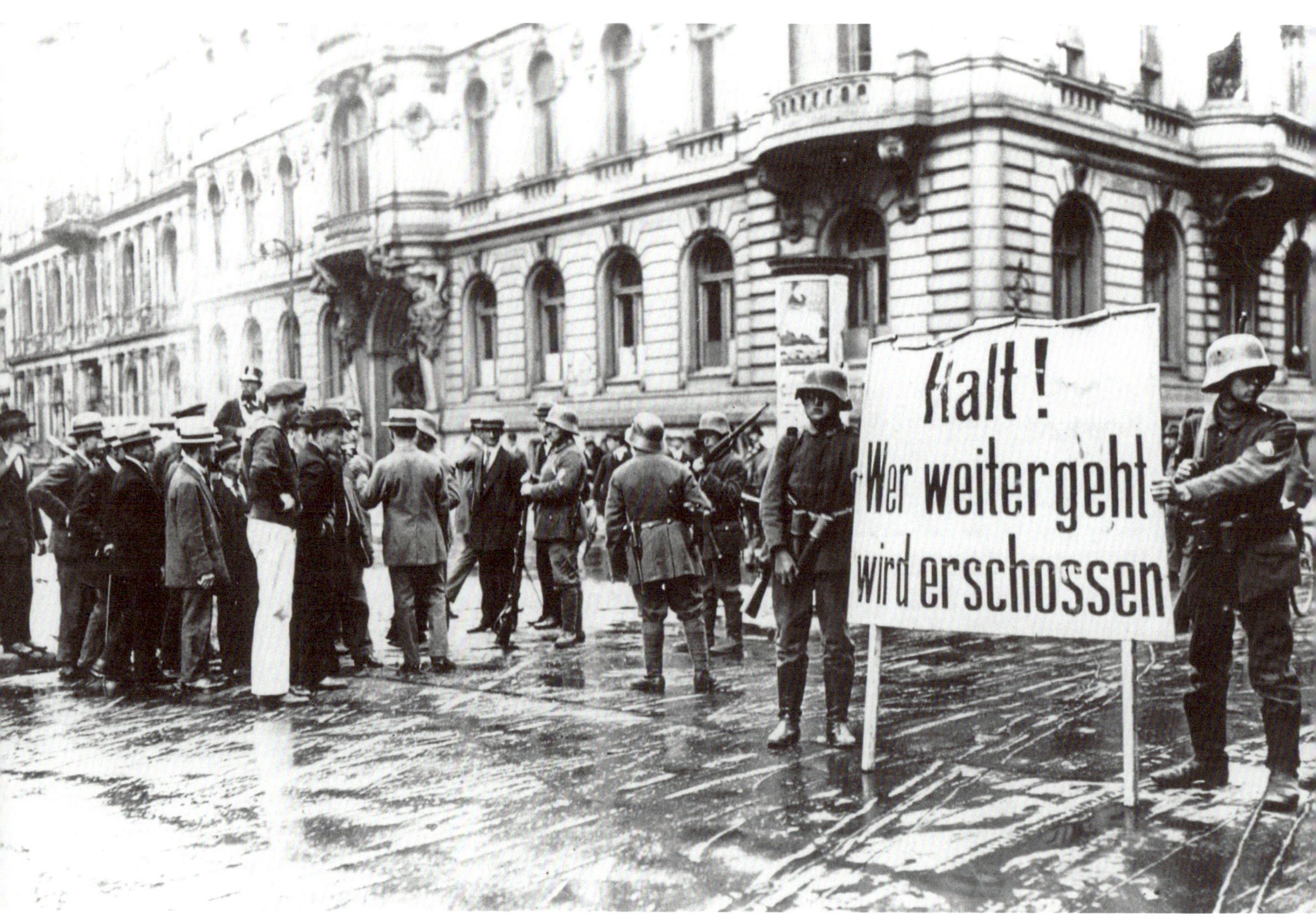

»Der Krieg unter Kapp dauert einen Tag.«
Putschende Soldaten am Berliner Wilhelmplatz während des Kapp-Lüttwitz-Putsches. Aufnahme vom März 1920.

Europa neunzehnhunderttraurig

Die Kinderjahre auf dem großelterlichen Hof haben Peter Huchel zum »Märker« gemacht. In seiner Dichtung bleibt er es ein Leben lang. Für den Jungen war die dörfliche Zuflucht allerdings nicht von Dauer. Einmal »vergehen die ländlichen Siebenschläfer, die Wälderjahre der Kindheit. Der Knabe kehrt in die Stadt zurück«. Dort, genauer in Groß-Lichterfelde am südlichen Rand Berlins, war Huchel am 3. April 1903 als zweites und letztes Kind Friedrich Huchels und seiner Frau Marie geboren worden. Huchels Eltern hatten sich während eines Manövers, an dem sein Vater als Ulanenwachtmeister teilnahm, in der Nähe von Alt-Langerwisch kennengelernt. Nach der Heirat bemühte sich Friedrich Huchel um eine Karriere als Beamter, in der er es nach vielen mageren Jahren bis zum Oberministerialsekretär brachte. Die Ehe war belastet von der Trunksucht des als Sonderling geltenden Vaters und der Lungenerkrankung der tatkräftigen, umgänglichen Mutter. Die anfangs schwierige finanzielle Lage und die häufigen Umzüge machten das Miteinander nicht leichter. Im Gegensatz zu den Großeltern und ihrem Gesinde kommen die Eltern in Huchels Dichtung kaum vor.

Den Ausbruch des Ersten Weltkriegs erlebt der Junge zunächst als großes Abenteuer: »Er hämmert auf dem Klavier, mit paukendem Anschlag, die Pedale als Steigbügel, das Reitersterbelied ›Morgenrot, Morgenrot‹ und hört das Schluchzen der Zahlmeistersgattin im unteren Stockwerk immer lauter werden. Das versetzt ihn in Kriegsrausch.« Damit ist es vorbei, als die Not auch die Hauptstadt erreicht und Lebensmittel allmählich knapper werden. Wie er der Tochter eines Landbrotbäckers beim Austragen half und dadurch den Hunger zu Hause linderte, bis die Bäckerei wegen »Brotmarkenunterschleifs« geschlossen wurde, erzählt Huchel später gern als Anekdote. Der eigentliche Schicksalsschlag trifft die Familie, als der ältere Bruder Friedrich eingezogen wird und bald fällt. Für den kaisertreuen Vater

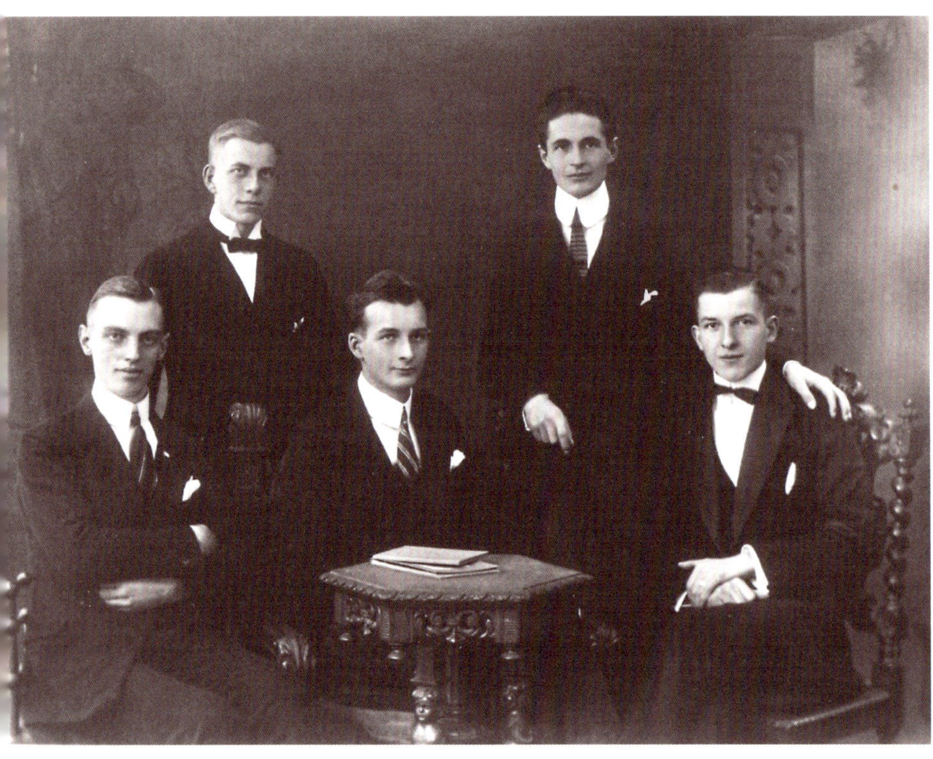

Peter Huchel (2. v. r.) auf einem Abiturfoto von 1923.

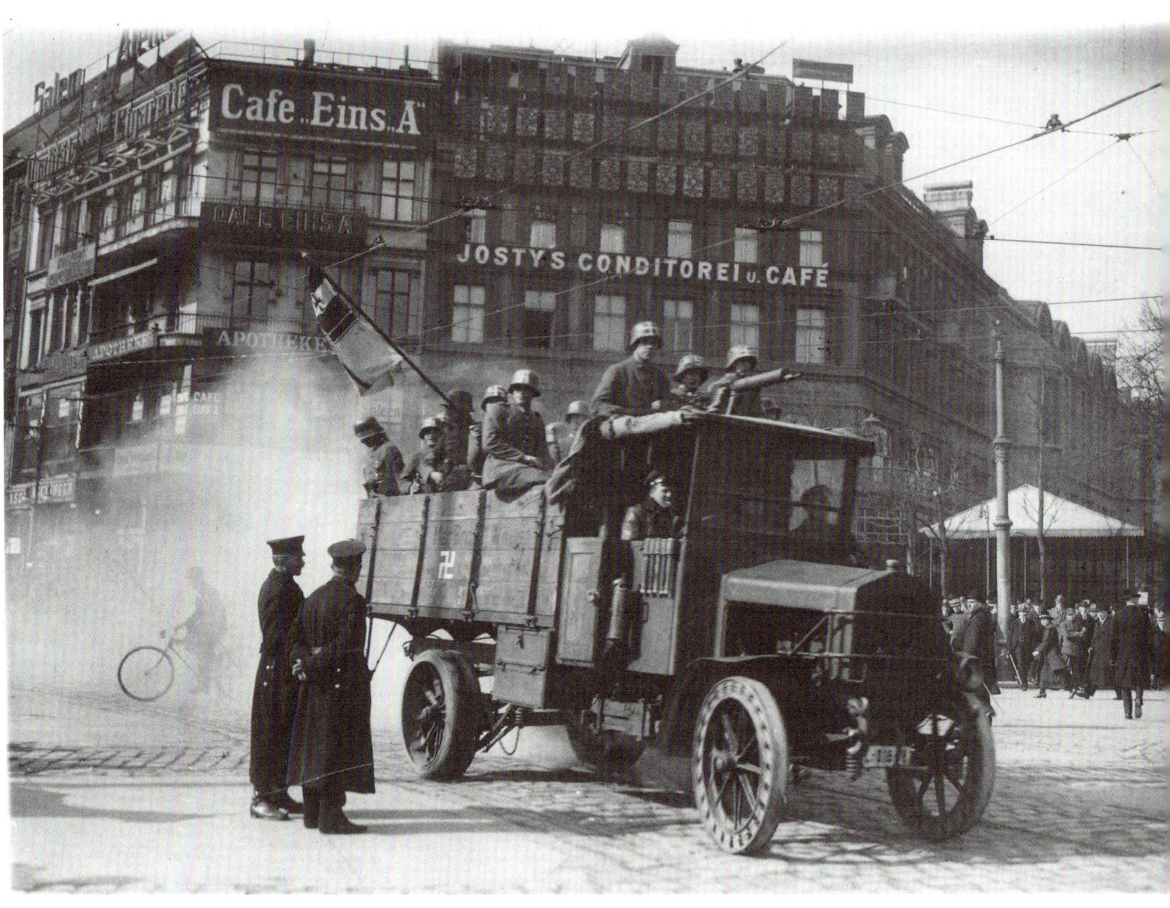

Truppen der »Regierung Kapp« im März 1920 auf einem Lastwagen am Potsdamer Platz. Foto von Otto Haeckel.

kommt der Untergang der Monarchie als weitere Katastrophe hinzu – an der Spitze seiner Truppen hätte Wilhelm sterben müssen, statt sich feige ins holländische Exil abzusetzen. Von nun an darf der Sohn beim Abendbrot auch die revolutionären Lieder aufsagen, die er tagsüber auf der Straße hört.

Die militärische Aktion, an der er schließlich selbst teilnimmt, ist allerdings eine der Gegenseite: Am 13. März 1920 revoltieren General Walther von Lüttwitz und Generallandschaftsdirektor Wolfgang Kapp gegen die geplante Reduzierung der Reichswehr und wollen mit Hilfe von Freikorpsverbänden die Regierung absetzen. An die chaotischen Frühlingstage erinnert sich Huchel Anfang der dreißiger Jahre: »Der Krieg unter Kapp dauerte einen Tag. Am Vormittag meldet sich der Sechzehnjährige von der Schulbank in die Reihen der Potsdamer Freikorps, stülpt der Sekundaner den Stahlhelm auf. Sein Zug, Dilettanten am Gewehr, Angestellte, Studenten, Schüler, wird unter dem Decknamen der Einwohnerwehr zum Schutz des Wasserwerks eingesetzt. Stacheldraht sperrt die Straße. Passanten, Autos werden aus Mangel an kriegerischer Betätigung angehalten und streng militärisch befragt. Auch sonst ist die Stimmung gehoben, ihre Grundlage gesund, hohe Tageslöhnung, Freibier, Zigaretten.«

Es bleibt jedoch nicht beim harmlosen Cowboy-und-Indianer-Spiel. Als Huchel in Berlin eine Versammlung der Putschisten besucht und in eine Gegendemonstration gerät, wird er beim Beschuss der Menge verwundet, als »der Posten vom Stadtschloß her das erste Feuer in die Menschenmauer jagt. Vom Pflaster abprallend, haut ihn ein Querschläger hin. Die Straße ist gleich leer. Der Posten schießt noch; aber nur Tote, Verwundete, Hüte, Stöcke, Schirme behaupten das Feld. Er liegt mit aufgefetztem Oberschenkel zwischen den Trambahnschienen; irrtümlich blessiert von den eigenen Leuten; wüst im Schädel und ohne zu begreifen«. Am Boden gekrümmt, sieht er eine Frau, die sich vor den Kugeln in Sicherheit bringen will und von der nächsten Salve getroffen neben ihm niederfällt. Bald darauf wird er ins Krankenhaus gebracht: »Zwei Monate liegt er dort, ausgelöscht in der weißgetünchten Melancholie des Krankenzimmers. Erst spät kommt es zu Debatten von Bett zu Bett: Politik. Der Nachbar, ein Metalldreher, macht ihm immer wieder die einfachsten Begriffe klar. Mit einem Heizer, der seine Lokomotive Lotte nennt, schließt er Freundschaft. Am Stock verläßt er das Krankenhaus. Ein Schuß hat genügt, um in ein neues Leben zu humpeln. Aber das ist ja auch danach; es geht im Zickzack vor sich. Er wird jene Frau nicht verges-

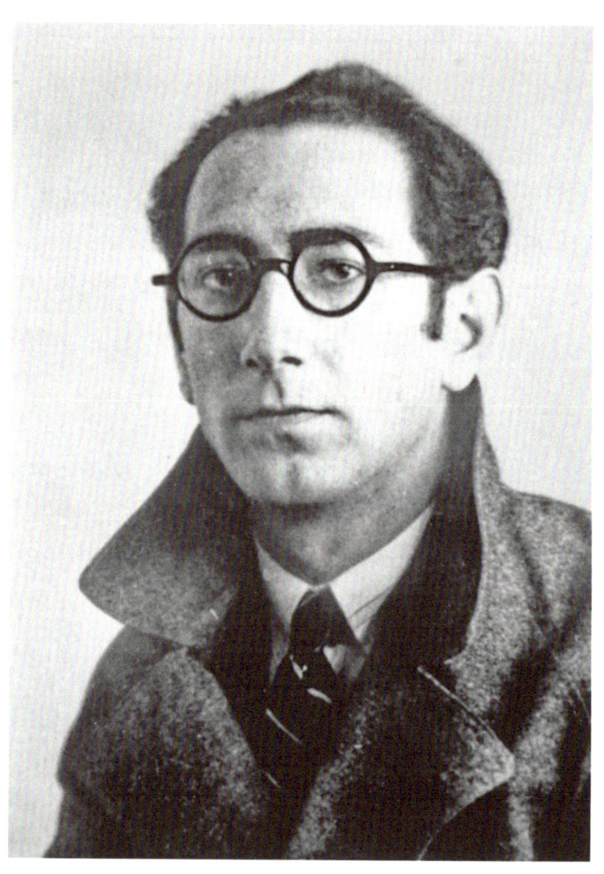

Huchels Freund Hans Arno Joachim, Aufnahme vermutlich aus den 1920er Jahren. Im *Jüdischen Friedhof von Sulzburg* schreibt Huchel 1973/74: »Niemand war da, mit dem ich hätte sprechen können. [...] In diesem Augenblick vermisste ich meinen Freund Hans A. Joachim, aber Joachim war 1942 in Nizza von der Gestapo verhaftet worden und ist seitdem verschollen.«

Postkarte Hans Arno Joachims vom 8. Oktober 1929, in der er Huchel von seinem bevorstehenden Umzug nach Berlin berichtet.

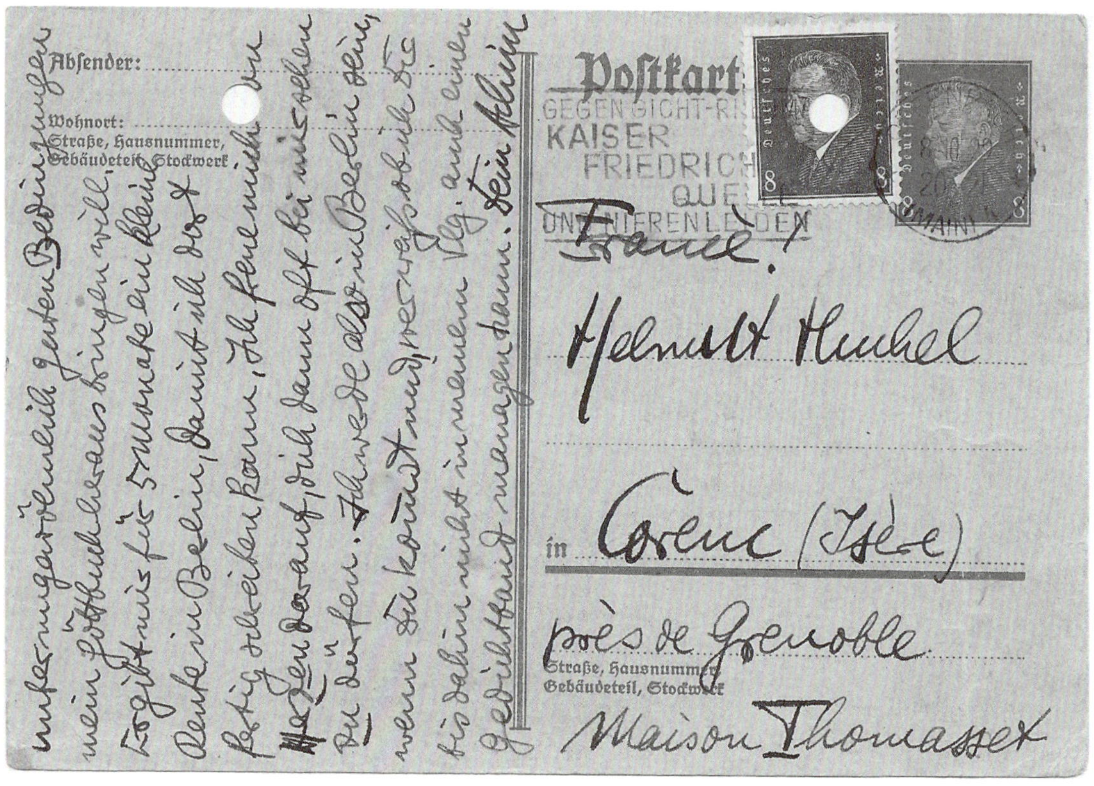

Absender:
Wohnort:
Straße, Hausnummer,
Gebäudeteil, Stockwerk

Postkarte

GEGEN GICHT-RHEUMA
KAISER
FRIEDRICH
QUELLE
UND NIERENLEIDEN

Herrn
Helmut Huchel
in Corenc (Isère)
près de Grenoble
Straße, Hausnummer
Gebäudeteil, Stockwerk
Maison Thomasset

sen, wie sie aus dem Kugelregen in die Traufe des Todes rannte. Das Leben ist ohne Notausgang.«

Immerhin gibt es einen Ausweg aus der Sackgasse politischer Verwicklungen. Dem mit Mühe bestandenen Abitur folgt eine Zeit der Studien, Lektüren und Reisen, der Freundschaften und Liebesgeschichten. Die dörfliche Zurückgezogenheit wird aufgegeben für die große Welt, die ländlichen Erfahrungen ergänzt um völlig neue Eindrücke. Und was an Versen aufgeschrieben wurde, soll endlich seine Leser finden. Im Oktober 1923 immatrikuliert sich Huchel gegen eine Studiengebühr von 122 Milliarden Reichsmark an der Berliner Universität. Er schreibt sich für Literatur und Philosophie ein, hört aber auch Vorlesungen in Kunstgeschichte, Psychologie und Theaterwissenschaft. Im Sommersemester 1925 geht er nach Freiburg, anschließend nach Wien. 1926 kehrt er zum Wintersemester nach Berlin zurück, wo er im Jahr darauf seinen Abschluss macht. Ein konkretes Berufsziel hat er bei alldem nicht im Auge; die Zeit an der Universität soll eine der geistigen Bereicherungen und persönlichen Begegnungen sein. Und er weiß sie zu nutzen: »Wien nahm mich auf, eine Fülle von Anregungen stürmte auf mich ein, Theater, Kunstausstellungen, Konzerte. Ich las nachts Trakl, immer wieder Trakl, ich hatte nicht das Geld, nach Salzburg zu fahren, um dort den Spuren des Einsamen unterm Sternzelt nachzugehen. Ich bewunderte Hofmannsthal, Musil, bewunderte den ›Saul‹ von Alexander Lernet-Holenia. Ich kam aus der preußischen Provinz, aus der Mark Brandenburg, es war meine erste Reise ins Ausland, ich kam vom Lande.«

In Freiburg lernt Huchel auf Vermittlung seines Berliner Freundes Alfred Kantorowicz den fast gleichaltrigen jüdischen Studenten Hans Arno Joachim kennen. Dieser hat schon Kritiken und Essays geschrieben und erfasst sofort Huchels lyrische Begabung. Er nimmt sich seiner an, liest entstehende Verse und redigiert sie. Die starken Eingriffe gehen Huchel mitunter zu weit, als Redakteur wird er später allerdings kaum anders verfahren. Joachim schickt Huchels Lyrik bisweilen selbst an Zeitschriften und vermittelt so im Sommer 1925 den Abdruck von fünf Gedichten im *Freiburger Figaro*. Als Joachim ihn einmal nach seiner Arbeitsmethode fragt, ist Huchel verlegen. Denn er hat keine. »Schließlich sagte ich: Ich raune so lange meine Verse, bis die notwendigen – die hellen und die dunklen – Vokale die Grundstimmung der Seele ausdrücken. Die strengen, fast mathematischen Gesetze, die im geistig sinnlichen Raum der Sprache aufzufinden sind, waren mir damals noch unbekannt. Ich wußte

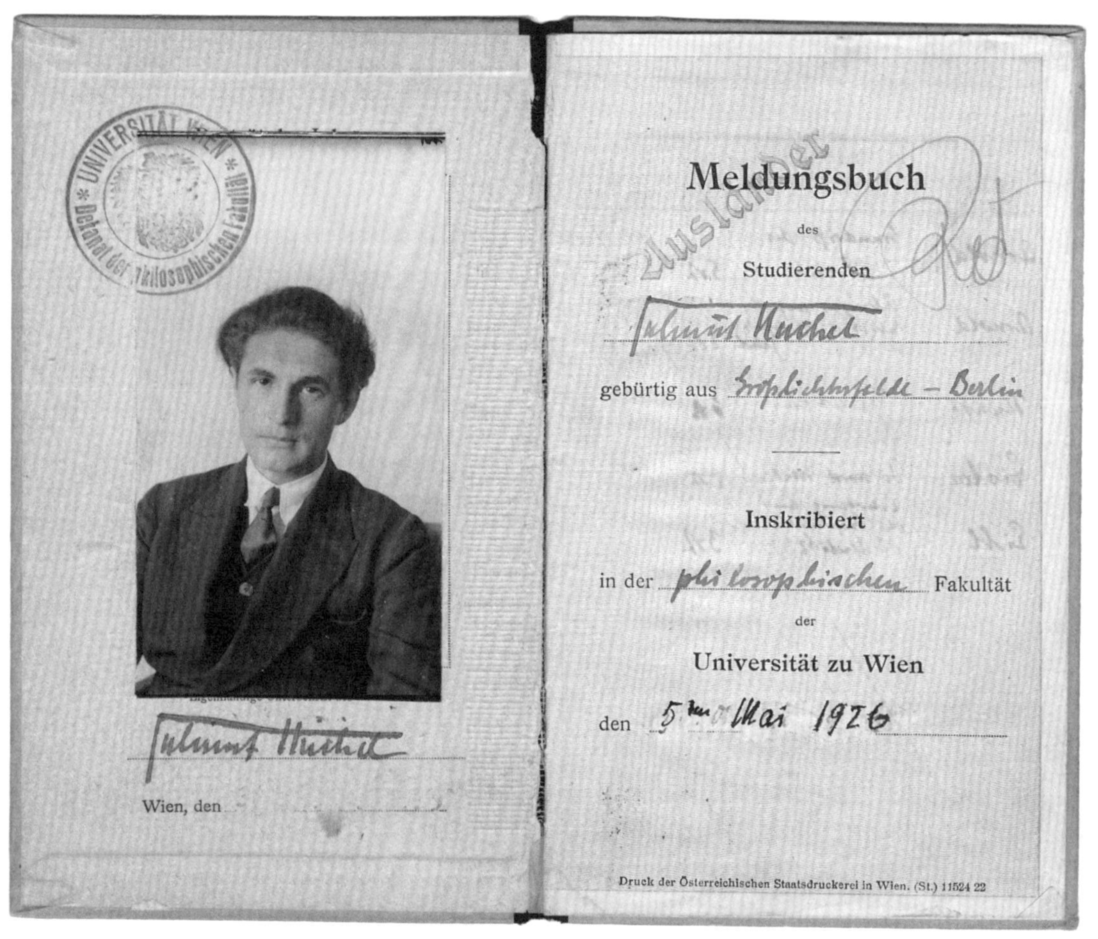
UNIVERSITÄT WIEN
Dekanat der philosophischen Fakultät

Helmut Kuchel

Wien, den

Ausländer

Meldungsbuch
des
Studierenden
Helmut Kuchel
gebürtig aus Großlichterfelde – Berlin

Inskribiert
in der philosophischen Fakultät
der
Universität zu Wien
den 5. Mai 1926

Druck der Österreichischen Staatsdruckerei in Wien. (St.) 11524 22

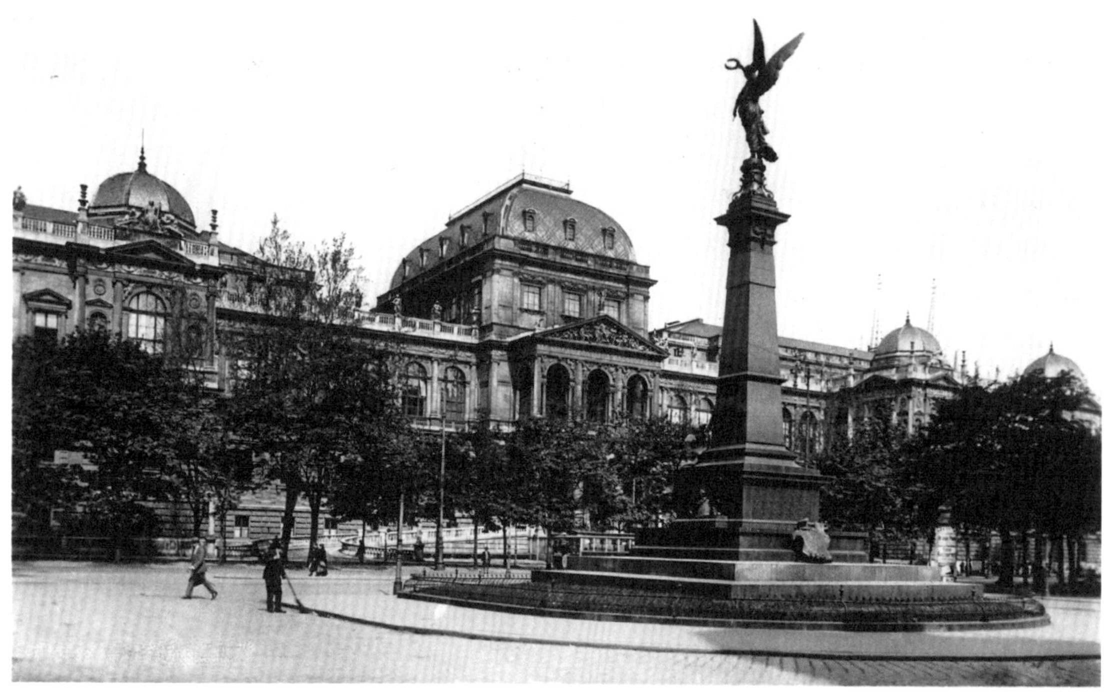

nicht einmal, in welchen Fällen es erlaubt war, eine Verszeile aus nur einsilbigen Worten ›schwingen‹ zu lassen. Nur das Ohr als Kontrollorgan für die feinsten Abstufungen der Vokalklänge – das war wenig, doch immerhin ein Anfang.«

Doch nicht nur die eigenen Texte beschäftigen die Freunde. Huchels Lektüreliste hat sich seit Beginn des Studiums enorm erweitert, er liest Kafka und Augustinus, Freud und Bloch, Pascal und Bachofen, dessen Buch *Das Mutterrecht* über den Ursprung des Matriarchats und die Erscheinungsformen des Weiblichen in Kultur und Natur ihn nachhaltig beeindruckt. Auch die vom Großvater übernommene Faszination für Mystik hat nicht nachgelassen, Jakob Böhme, Meister Eckehardt, Heinrich Seuse, Emanuel Swedenborg, Paracelsus und Franz von Baader gehören zu Huchels Kanon. Denn dass wenig Wissen die Götter verjagt, viel Wissen sie aber wieder zurückbringt, hat er bei Francis Bacon gelernt. Und die frühen Prägungen schützen auch, immunisieren gegen die Versuchung, sich politisch wieder vereinnahmen zu lassen: »Später, als Student, nach heftigen Diskussionen mit marxistischen Freunden, wollte ich mich gewaltsam von diesen Naturmetaphern trennen, es gelang nur schlecht, selbst in der Konfrontation mit der Gesellschaft, mit Hunger, Unterdrückung und Krieg, stets blieb in den jeweiligen Versuchen ein Metaphernrest zurück, ja, dieser Rest, ich mußte es mir eingestehen, war der eigentliche Urgrund des Schaffens. Ich kehrte durch das Gestrüpp marxistisch erhobener Zeigefinger immer wieder, oft mit schlechtem Gewissen, zu Augustinus zurück«.

Mit Joachim will er über seine Favoriten Hiob und Jeremia sprechen, über jüdische Mystik und Religion, wie er sie im Berliner Goldberg-Kreis kennengelernt hat – als »Schabbesgoi«, wie der Freund ironisch bemerkt. Oskar Goldberg, Vorbild für die Figur des Chaim Breisacher in Thomas Manns *Doktor Faustus*, dessen Vorlesungen auch Walter Benjamin und Salomo Friedländer besuchen, hat einen Diskussionskreis ins Leben gerufen und 1925 *Die Wirklichkeit der Hebräer* veröffentlicht, eine philosophische Deutungsgeschichte des jüdischen Volkes. Joachims Verhältnis zum Judentum, vor allem zu Mystik und Orthodoxie, ist distanziert, Huchels Faszination begegnet er mit leisem Spott. Doch diesen lässt das Thema nicht los, die Auseinandersetzung mit Gott nimmt in der frühen Lyrik beträchtlichen Raum ein. Das Gefühl der Einsamkeit, die Sehnsucht nach Gemeinschaft brechen sich immer wieder Bahn, die Sprache wird empfindsam, innerlich und melancholisch. Und eben auch religiös.

»Als Student versucht er in die Zeit zu horchen. Er besucht Meetings, liest Broschüren, debattiert.« (Peter Huchel in der autobiographischen Skizze »Europa neunzehnhunderttraurig«, in: *Die literarische Welt* 7/1, 1931, S. 3–4).
Meldungsbuch der Universität Wien, 1926.

»Wien zählte zu den wenigen Städten, die ein geistiges Zentrum bildeten.«
Das Hauptgebäude der Wiener Universität. Historische Ansichtskarte um 1930.

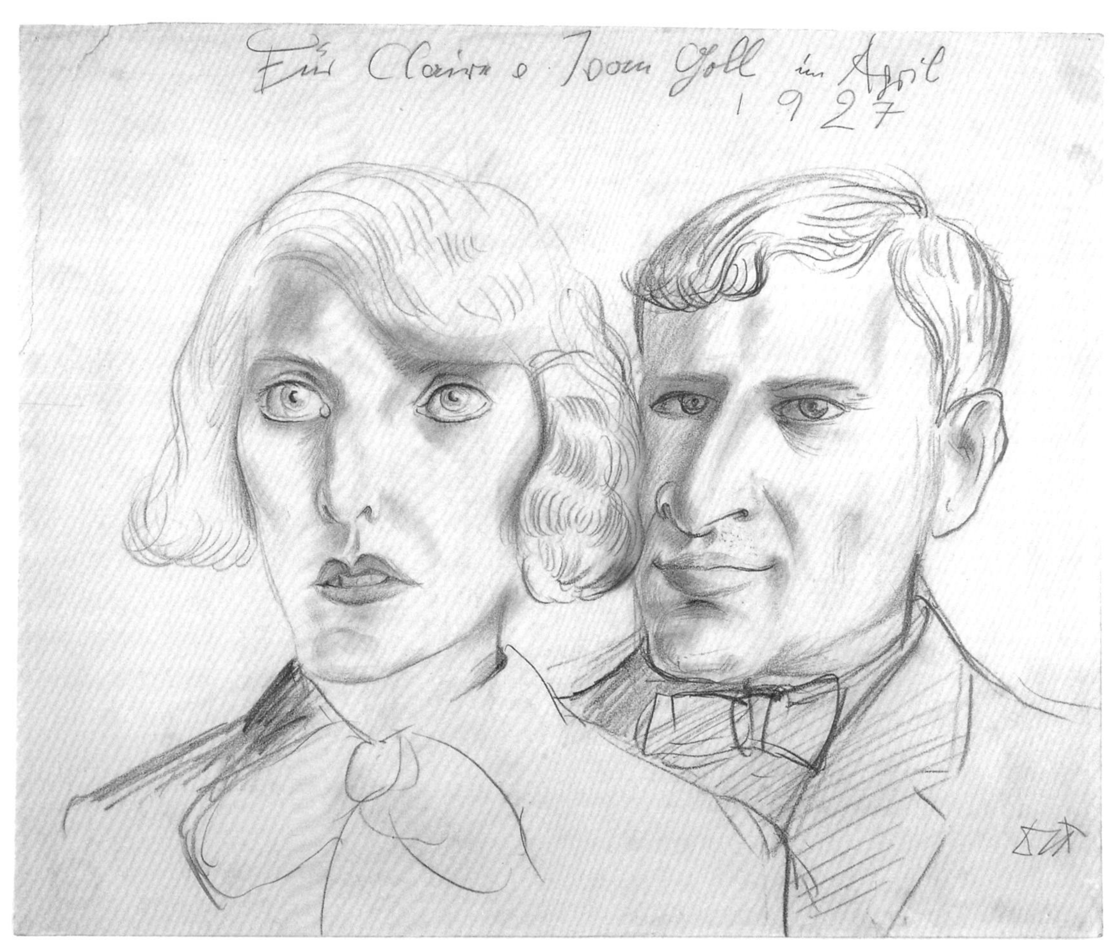
Für Claire u Iwan Goll im April
1927

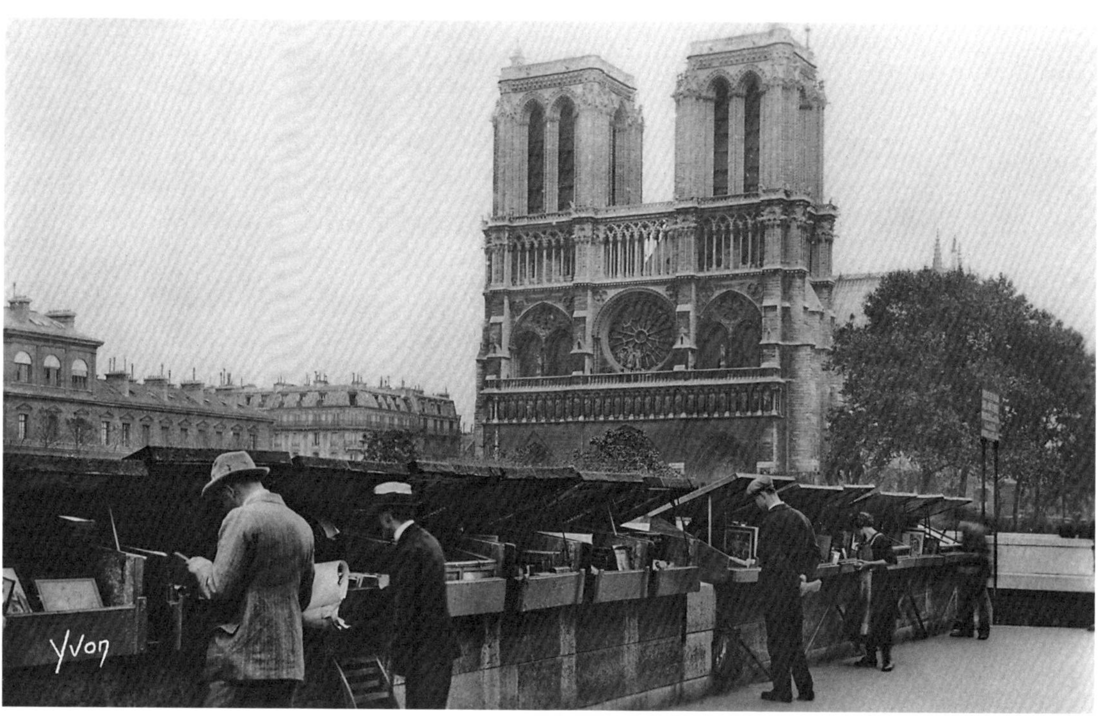
Yvon

Hier spricht Huchel, der später aus der evangelischen Kirche austreten und sich als Heiden bezeichnen wird, noch als schwärmerisch Glaubender: »Du Name Gott, wie kann ich dich begreifen? / Du schweigst bewölkt. Du bist. Wir aber werden / nicht Frucht aus deinem Wort. O regne Licht / in uns!« (»Der Name Gott«)

Christliche Inhalte tauchen erst in der späten Lyrik wieder auf und vermischen sich dort mit jenen mythologischen Stoffen, aus denen Huchel seine von ihm selbst so bezeichnete »Privatmythologie« entwickelt. In den zwanziger Jahren beginnen erste »Versuche, Archaisch-Mythisches mit modernen Formen und Inhalten zu verbinden, den Stoff also nicht mythologisch zu vernebeln, sondern dialektisch zu erhellen«. Die dabei entstehenden Gedichte können ihre literarischen Einflüsse (Trakl, Rilke, George) selten verleugnen und haben daher oft einen Zug ins Epigonale, sind andererseits aber von vielen literarischen Strömungen abgeschnitten. Dass es auch eine Lyrik der Großstadt, dass es Brecht oder Benn gibt, merkt man ihnen nicht an. Literarisch lebt Huchel weiterhin auf dem Lande.

Dabei kennt er viele ausländische Großstädte inzwischen aus eigener Anschauung, reist nach Prag, Budapest, Kronstadt, Konstanza und Konstantinopel und lebt ab 1927 längere Zeit in Paris, wo sein bescheidenes Stipendium der *Vossischen Zeitung* bald aufgebraucht ist. Er hungert, wohnt in trostlosen Absteigen und lernt die elende Seite der Metropole kennen. Kürzere Reisen in die Bretagne finanziert er sich durch Gelegenheitsarbeiten und mit der kleinen Unterstützung, die ihm seine Mutter zukommen lässt. Als Huchel eines Tages entkräftet auf dem Boulevard Saint-Michel zusammenbricht, liest ihn der chinesische Dichter Cheng Cheng auf, verschafft ihm eine neue Aufenthaltserlaubnis und macht ihn mit dem japanischen Maler Tsuguharu Foujita, einem Schüler Picassos und Modiglianis bekannt, durch den er wiederum Claire und Yvan Goll kennenlernt. Die Tür zur Welt des Geistes hat sich einen weiteren Spalt geöffnet. Doch Huchel führt weiterhin sein Vagabunden- und Landstreicherleben, haust in einem kleinen Dorf bei Grenoble, arbeitet in Nizza als Kohlenschlepper und Filmstatist, spielt im Casino von Monte Carlo und verdingt sich in Marseille als Hafenarbeiter. Frankreich wird zu dem Land, »das er sich fast zu lieben erlaubt«, seiner »deuxième patrie«. Denn dort »läßt es sich leben, gesetzt, daß die Carte d'identité in Ordnung ist. ›La douce France‹, seine Einwohner sind jeden Tag liebenswürdig, Privatleben ist gestattet. Nur, wer hält das auf Dauer aus – wenn er ein Deutscher ist? Er kommt ja doch zurück.«

Claire und Yvan Goll, 1927 gezeichnet von Otto Dix. Huchel sah Claire Goll nach seiner Ausreise in Staufen wieder und schenkte ihr seinen letzten Gedichtband *Die neunte Stunde*.

»Der Mai steckt weiß die Kerzen ins Kastanienhaar, / nach Teer und Frühling riecht der Boulevard.« (»Frühling im Quartier«, in: *Die literarische Welt* 7/22, 1931, S. 3). Buchverkäufer auf dem Quai Saint-Michel in Paris um 1930. Historische Ansichtskarte.

FRIEDHOF ~~AUF DEM~~ MONTPARNASSE

Du trauriger Frühling in Totenhöfen,
in Scherben der Schädel der Blust,
Asche in Urnen aus furchtbaren Oefen,
Gräber vom Feuer des Himmels berusst,
blecherner Zierat, Posaunen; Boten
und Engel in steinernem Chor:
Aber aus Nesseln und Bäumen treten die Toten,
waschen mit Sonne Kammer und Tor.

Die Perspektivlosigkeit, die düstere Stimmung der Nachkriegszeit ist hier nicht anders als dort: »Ob er in Balzik am Schwarzen Meer lebt oder in Bayonne am Atlantischen, da gibt es wenig Unterschied. Denn das europäische Gesicht hat überall die eine Müdigkeit für den, der zwischenzeitig geboren ist und im Jahre neunzehnhunderttraurig. Er ist schon zu spät auf die Welt gekommen: er wird nie zur Zeit kommen.« Dass das müde europäische Gesicht der Zwischenkriegszeit schon bald eine nostalgisch verklärte Epoche sein wird, ahnt er damals noch nicht.

Typoskript des Gedichts »Friedhof Montparnasse« mit einer handschriftlichen Ausstreichung. Es entstand während Huchels Aufenthalt in Paris 1927/28.

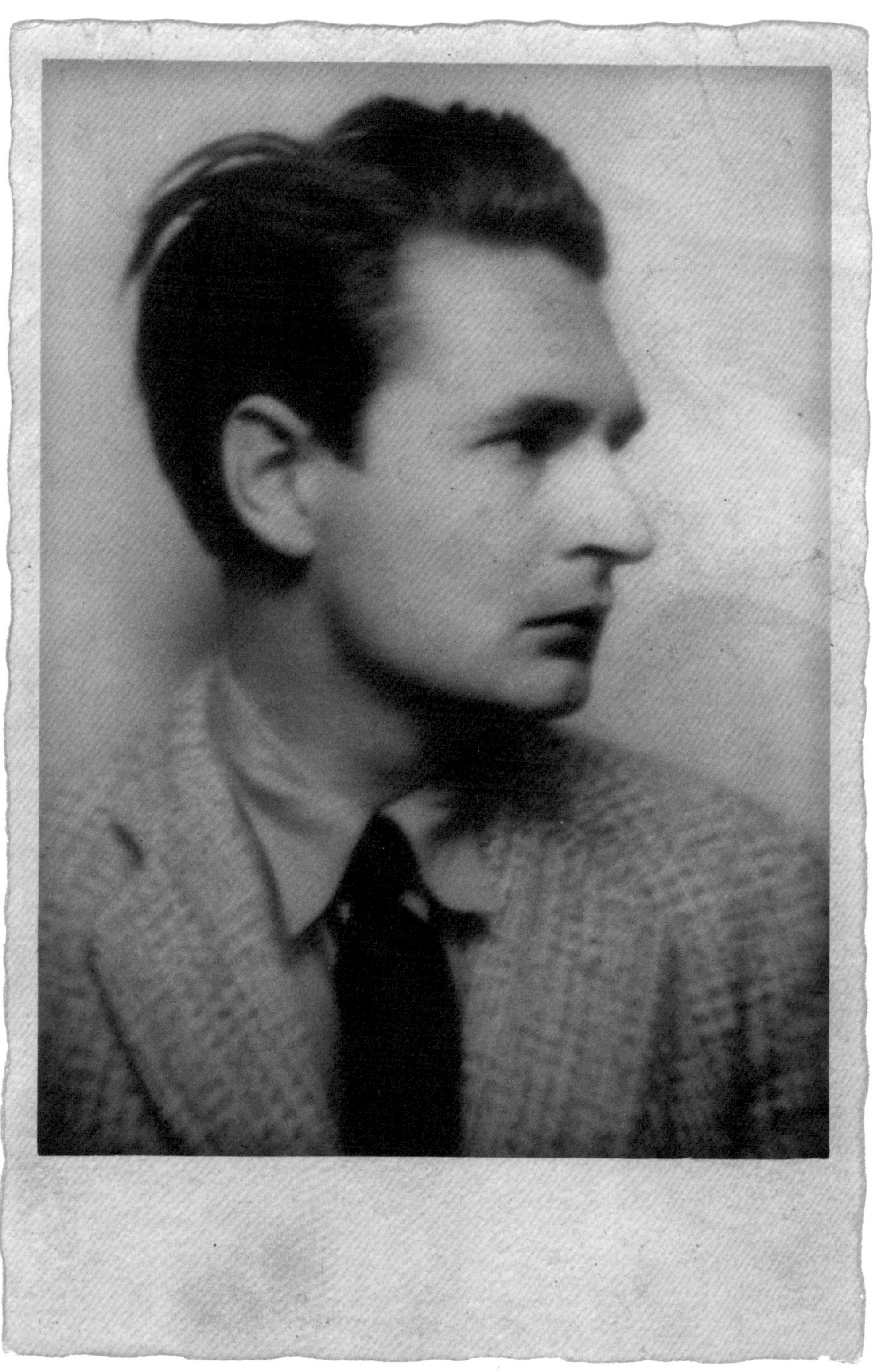

Porträt des Dichters als junger Mann

Der Ernst des Lebens beginnt für Huchel noch in seiner Vagabundenzeit. In Wien hat sich eine Beziehung mit Dora Lassel angebahnt, einer Kommilitonin aus Kronstadt in Siebenbürgen. Da er jedoch anderen Damenbekanntschaften nicht abgeneigt ist und sich keineswegs schon fest binden will, tritt er immer wieder die Flucht an, wenn Dora in Berlin oder Paris ihren Besuch ankündigt. Aber die junge Frau bleibt hartnäckig und überzeugt schließlich auch ihre Eltern, die von der Solidität des dichtenden Freigeists nicht ganz überzeugt sind. Angeblich taucht Eugen Lassel sogar unangemeldet in Berlin auf und gratuliert dem angehenden Schwiegersohn zu einer Verlobung, die gar nicht stattgefunden hat. Daraufhin willigt Huchel in die Heirat ein, allerdings, wie er später erzählt, unter der Bedingung, sich jederzeit wieder scheiden lassen zu können. Am 8. März 1930 findet in Potsdam die Trauung statt.

In Berlin teilt sich das junge Paar mit Freunden eine Wohnung nahe dem Bülowplatz. Die aus der Not geborene Gemeinschaft passt in diese Zeit des intensiven Austauschs, der ständig neuen Begegnungen und nicht endenden Diskussionen. Durch Hans Arno Joachim und Alfred Kantorowicz trifft Huchel Willy Haas, Bertolt Brecht und Alfred Döblin, Fritz Sternberg und George Grosz, durch die Freundin Karola Piotrkowska lernt er Ernst Bloch und Fritz Sternberg kennen, mit denen er politisch aneinandergerät. Für Neutralität und Distanz bleibt in den Streitgesprächen kaum Raum, das Weltanschauliche überlagert das Ästhetische, sorgt für Koalitionen und Gegnerschaften. Auch die Position des abseits stehenden Dichters wird verdächtig, Huchel selbst spricht nach dem Krieg von »ängstlich oder hochmütig der Zeit ausweichenden Schriftstellern«, die »sich hinter der reinen Kunst verschanzten«. Anfang der dreißiger Jahre geht es ihm, trotz seiner linken Einstellung, trotz seines Interesses für sowjetische Filme und Literatur, nach wie vor darum, sich ideolo-

Peter Huchel Mitte der dreißiger Jahre.

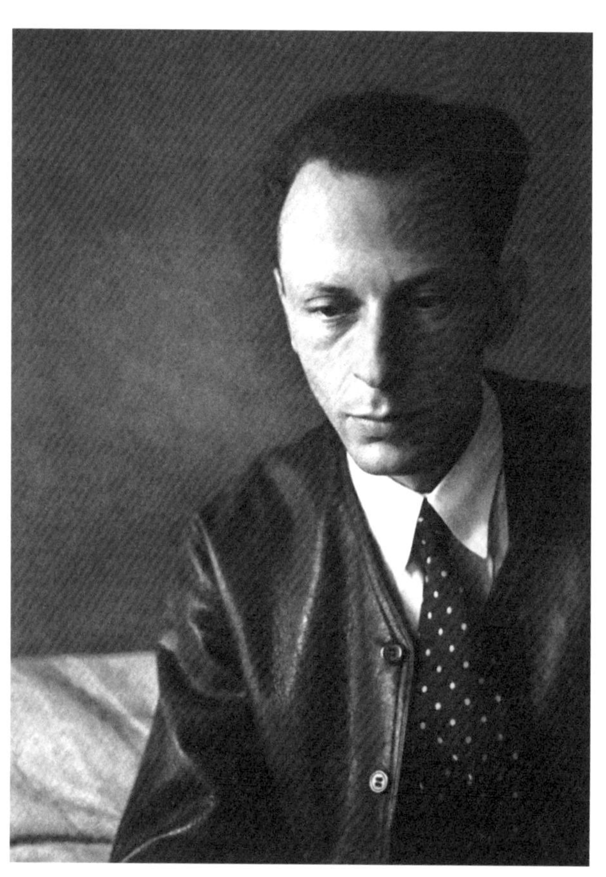

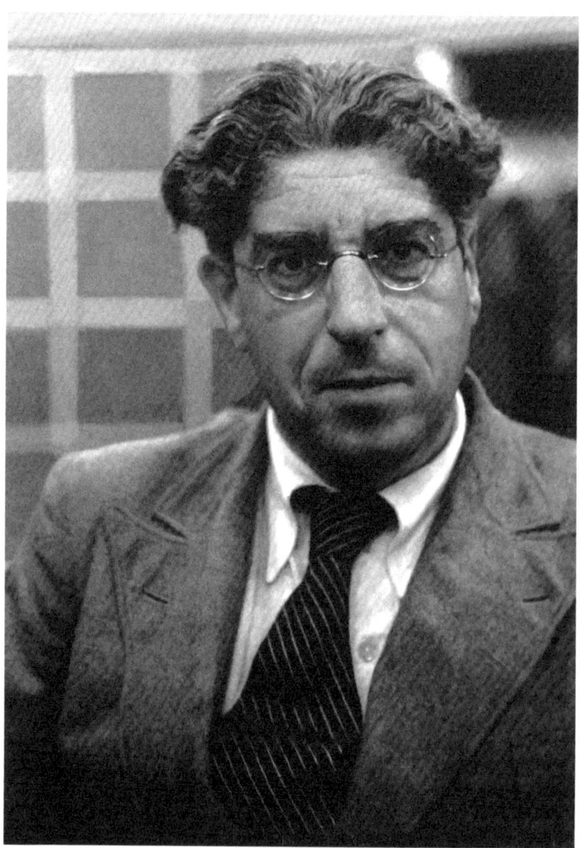

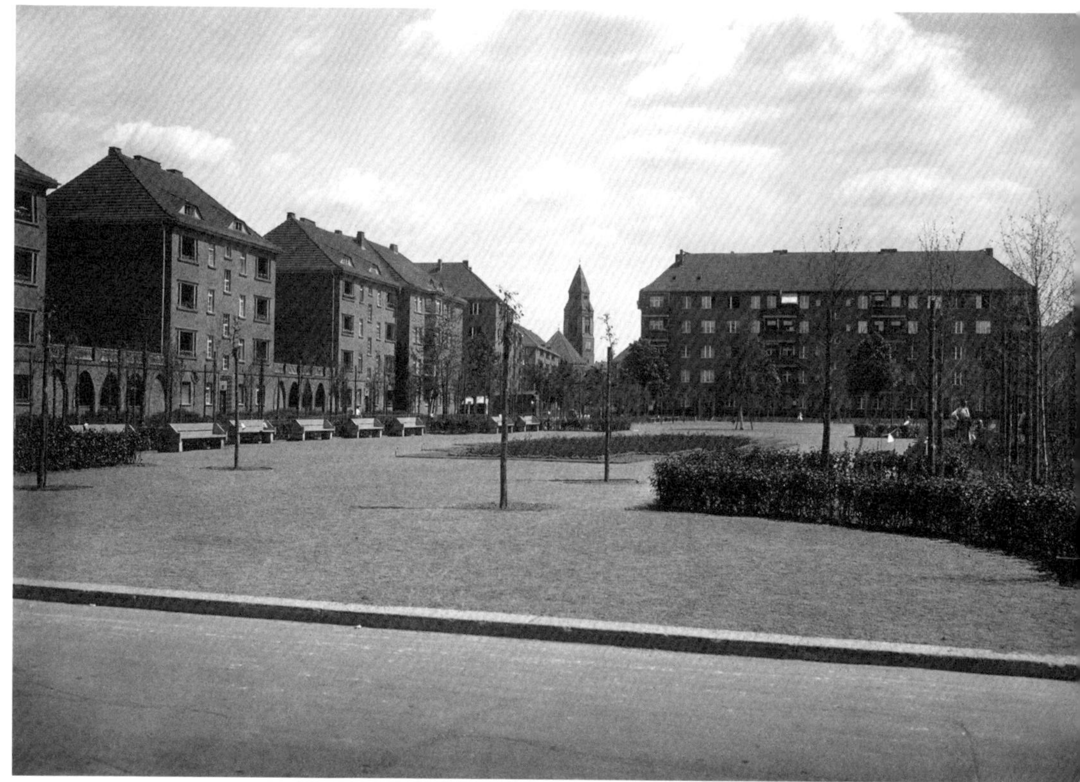

gisch nicht vereinnahmen zu lassen. Statt sich unter die Obhut einer Partei zu begeben, schreibt er 1931, ziehe er es vor, sich auf eigene Faust durchzuschlagen: »Seine Altersgenossen sitzen im Parteibüro, und manchmal geben sie sogar zu, daß es aus irgendeiner Ecke her nicht gut riecht. Immerhin, sie haben ihr Dach über dem Kopf. Aber da ihm selbst die marxistische Würde nicht zu Gesicht steht, wird er sich unter aussichtslosem Himmel weiterhin einregnen lassen. Sie winken aus der Arche der Partei, und er versteht ihren Zuruf. Der lautet: ›Wir können dir an Hand des Unterbaues nachweisen, daß du absacken wirst, ohne eine Lücke zu hinterlassen.‹ Aber dagegen hat er nicht viel einzuwenden, nichts zu erwidern. Sie müssen es wissen; denn sie haben die Wissenschaft. Doch unterdessen schlägt sein Herz privat weiter. Und er lebt ohne Entschuldigung.«

Erschienen war der Text in der Reihe »Lebensläufe von heute« der *Literarischen Welt*, der renommierten, von Willy Haas geleiteten Zeitung, bei der Huchel ab 1930 mitarbeitet. Sein Kollege Rolf Italiaander erinnert sich Jahre später noch an Huchels ersten Auftritt in der Redaktion: »Eines Tages meldete sich ein gewisser Peter Huchel. Haas meinte, Huchel schreibe ausgezeichnete Gedichte, er solle uns besuchen kommen. Huchel überraschte uns durch seine Erscheinung. Er trug an nackten Füßen Ledersandalen, war rustikal angezogen wie ein Waldarbeiter – eine absolut unliterarische Erscheinung. Was er sagte, gefiel auch mir. Er sprach über Naturereignisse und Mythologisches.« Von nun an veröffentlicht Huchel regelmäßig Gedichte und Aufsätze in der *Literarischen Welt* und sammelt redaktionelle Erfahrungen, die ihm später nützlich sind. Er hat einen Ort gefunden, der seinen intellektuellen Neigungen entspricht, wo er als Autor willkommen ist und ein regelmäßiges Einkommen bezieht. Die Zukunft scheint gesichert.

Doch schon drei Jahre später ist es damit vorbei. Haas muss 1933 nach Prag fliehen und die Zeitung, die 1934 als *Das deutsche Wort* weitergeführt wird, verkaufen. Seine publizistische Heimat hat Huchel verloren. Und auch in seinem eigentlichen Zuhause erfährt er bald, wie radikal sich die Zeiten geändert haben. Seit September 1931 wohnen die Huchels in einer Künstlerkolonie am Laubenheimer Platz in Berlin-Schmargendorf. Die Schauspieler, Schriftsteller, Maler und Musiker, die hier einziehen, darunter Huchels Freunde Ernst und Karola Bloch, Alfred Kantorowicz, Eberhard und Annemarie Meckel, aber auch Ernst Busch, Arthur Koestler, Erich Mühsam, Wilhelm Reich, Johannes R. Becher, Erwin Piscator, Henny Porten und Joachim

Alfred Kantorowicz 1935 in Paris, kurz nach seiner Flucht vor den Nationalsozialisten. Foto von Fred Stein.

Ernst Bloch 1935 im Pariser Exil, nach seiner Ausbürgerung aus Deutschland. Nach dem Krieg wird Bloch einer der wichtigsten Autoren von Huchels Zeitschrift *Sinn und Form*. Foto von Fred Stein.

Über den Sommer 1932 schreibt Axel Eggebrecht in seiner Autobiographie *Der halbe Weg*: »Schon während des Wahlkampfs wurde klar, daß wir eine kleine Insel inmitten der Flut von Hakenkreuz und Schwarz-Weiß-Rot bildeten, die Steglitz und Friedenau überschwemmten. […] Wer bei uns lebte, war gefährdet, Demokraten und Kommunisten, katholische Zentrumswähler und Parteilose.«
Der Laubenheimer Platz 1932.

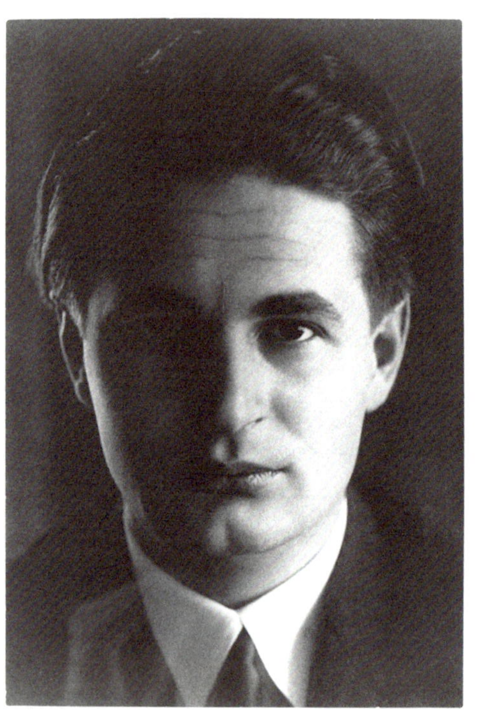

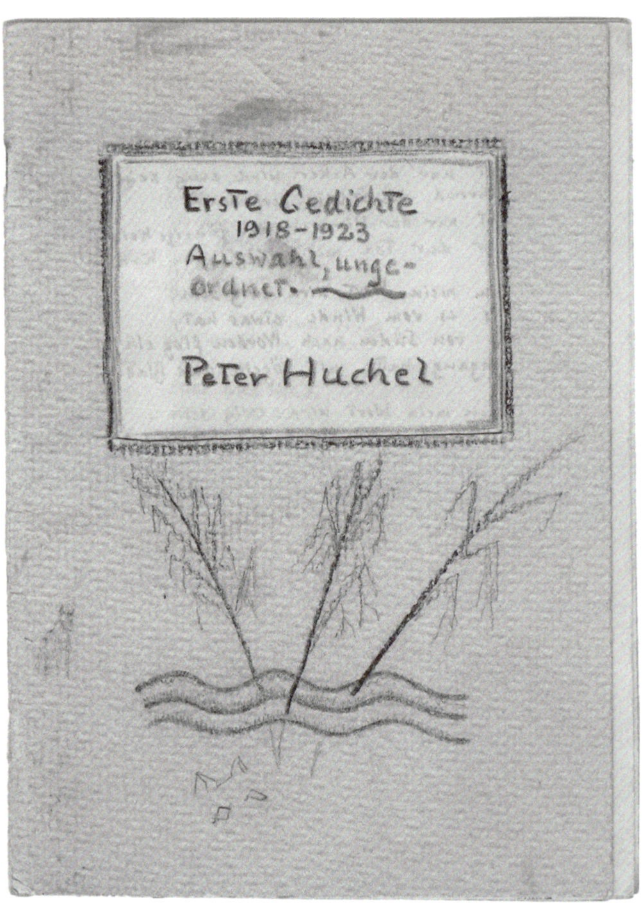

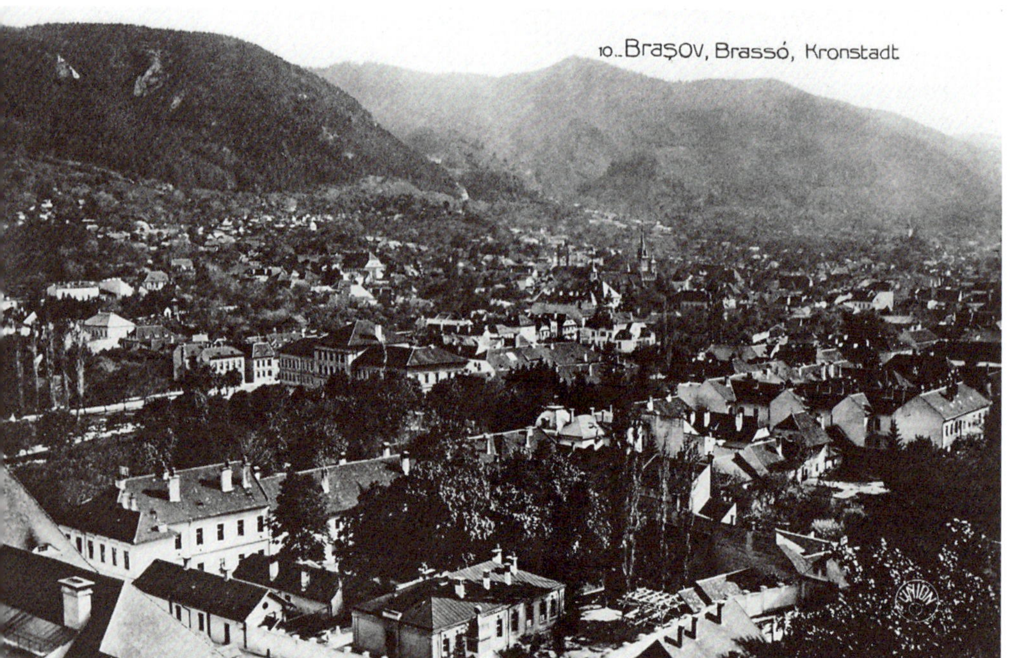

»[…] ich gehöre zu den Schriftstellern, die 12 Jahre Hitlerdiktatur in Deutschland miterlebten.« (Rede zum »Tag des freien Buches«, 1947).
Peter Huchel um 1935.

Umschlag des Sammelhefts *Erste Gedichte 1918–1923* mit Vignette von Peter Huchel.

Historische Ansichtskarte von Kronstadt, um 1930.

Ringelnatz, haben wenig Geld und stehen politisch eher links, viele gehören der KPD oder dem antifaschistischen Kampfbund Künstlerkolonie an, der die Bewohner gegen zunehmende Übergriffe der SA verteidigt. Nach Hitlers Ernennung zum Reichskanzler beginnen die Razzien, Hausdurchsuchungen und Verhaftungen, vor denen etliche Bewohner sich noch rechtzeitig in Sicherheit bringen. Die leerstehenden Wohnungen bekommen Parteigenossen. Der »Rote Block« wird braun.

Auch Huchel verlässt 1933 die Kolonie und geht mit seiner Frau nach Kronstadt. Hier, fern den unmittelbaren Eindrücken der politischen Ereignisse, kann man wieder zu sich kommen und überlegen, wie es weitergehen soll. An einen endgültigen Weggang ins Exil denkt Huchel nicht. Von Freunden, mit denen er von Rumänien aus in Kontakt steht, erfährt er, wie schwer sie es im Ausland haben. Und wovon soll er dort leben? Das Honorar für die wenigen Gedichte, die in einer siebenbürgischen Zeitschrift erscheinen, reicht dafür jedenfalls nicht.

Er muss zurück nach Deutschland, hoffend, dass die Naziherrschaft dort bald zu Ende geht und sich bis dahin ein Weg findet, mit literarischem Talent Geld zu verdienen. Und zwar ohne so direkt von sich zu sprechen wie in einem Gedicht. Der unbefangene Zugang zu Natur, Kindheit und Heimat passt nicht zu den neuen Verhältnissen. Diese Erkenntnis muss bitter für Huchel gewesen sein, nachdem seine Gedichte endlich Anerkennung gefunden haben. 1932 wird ihm unter mehr als fünfhundert Bewerbern der angesehene Lyrikpreis der Zeitschrift *Kolonne* zuerkannt, deren Herausgeber auch einen Gedichtband von ihm bringen will. Dessen Fertigstellung zögert Huchel ständig hinaus, stellt im Dezember 1932 aber immerhin das Buch im Radio vor. Als *Der Knabenteich* 1933 endlich druckfertig vorliegt, zieht Huchel das Manuskript zurück. Nach Hitlers Machtantritt, sagt er nach dem Krieg, habe sich jede Veröffentlichung von selbst erübrigt. Inhaltliche Bedenken gegen Ton und Pathos der frühen Texte mögen hinzugekommen sein. Ganz im Schweigen richtet sich Huchel jedenfalls nicht ein, wenngleich er dies später gelegentlich so darstellt. Bis Ende des Krieges erscheinen siebzehn neue Gedichte sowie einige Nachdrucke in Zeitungen, Zeitschriften und Anthologien; gelegentlich trägt er auch im Rundfunk eigene Verse vor.

Gedichte wie die aus seinem 1933 begonnenen und bis 1947 fortgeführten »Deutschland«-Zyklus hätte er allerdings schwerlich veröffentlichen können. Das erste, 1933 geschrieben, beschwört eine

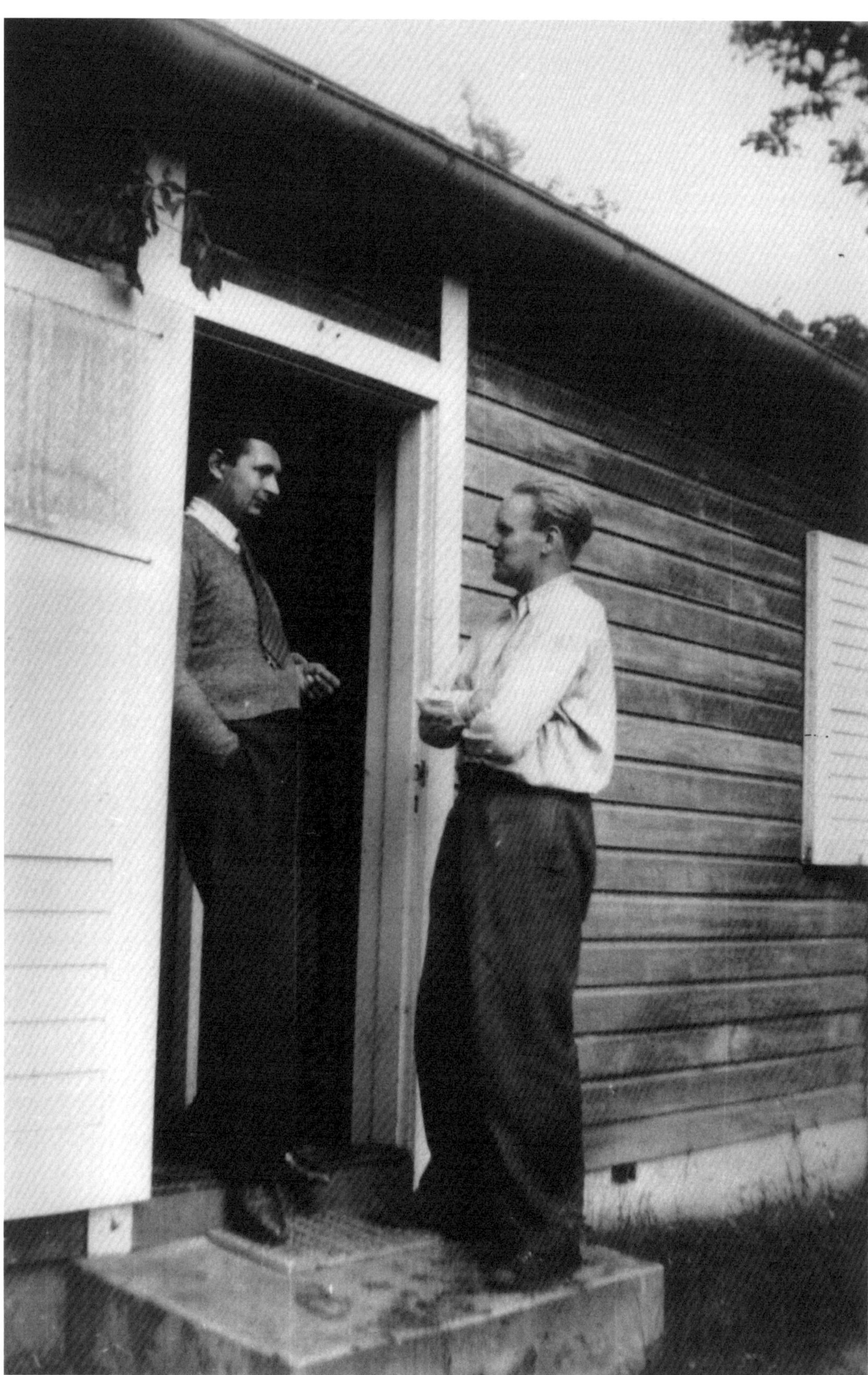

Endzeitstimmung, in der wenige Berufene den Geist davor bewahren müssen, endgültig in Ketten gelegt zu werden:

»Späteste Söhne, rühmet euch nicht.
Einsame Söhne, hütet das Licht.
Daß es von euch in Zeiten noch heißt,
daß nicht klirret die Kette, die gleißt,
leise umschmiedet, Söhne, den Geist.«

Das zweite, 1939 entstandene Gedicht führt diesen Gedanken weiter, findet in seiner Darstellung der finsteren Gegenwart aber noch drastischere Worte:

»Welt der Wölfe, Welt der Ratten.
Blut und Aas am kalten Herde.
Aber noch streifen die Schatten
der toten Götter die Erde.

Göttlich bleibt der Mensch und versöhnt.
Und sein Atem wird frei wieder wehen.
Wenn auch die heulende Rotte höhnt,
sie wird vergehen.«

Wie schnell die Rotte tatsächlich vergehen wird, ist inzwischen allerdings ungewisser denn je. Wer in Deutschland geblieben ist und nicht mittun will, verhält sich besser unauffällig. Den »etwas vagen Begriff« der inneren Emigration will Huchel später allein jenen wenigen Autoren zuerkennen, die »durch die zwölf Jahre hindurch unbeirrt ihren Weg gingen, deren Denken stets geleitet war von einem unerschütterlichen Glauben an den schließlichen Sieg der Vernunft über den Wahnsinn, an den Sieg der Menschenwürde über die Barbarei«. Bis es so weit ist, schreibt, wer die Möglichkeit dazu hat, Hörspiele oder Drehbücher, eine Lieblingsgattung jener in Deckung gegangenen Schriftsteller, die hier gewissermaßen in dritter Person sprechen können und obendrein gut bezahlt werden. Günter Eich, mit Huchel ab Mitte der dreißiger Jahre befreundet, verfasst während der NS-Zeit 150 Rundfunkmanuskripte und wird nach dem Krieg durch seine Hörspiele berühmt. Huchels Karriere auf diesem Feld beginnt Ende 1934 mit *Doktor Faustens Teufelspakt und Höllenfahrt*, es folgen bis 1941 über dreißig weitere Hörspiele, darunter *Der Fesselballon* und *Grete Minde*, sowie zwei Filmnovellen für die UFA, die allerdings nicht umgesetzt werden.

»In diesen Wochen wurde Ringtennis gespielt und gearbeitet. An den Abenden zeigte man das am Tag Geschriebene und sprach die Arbeiten für den Rundfunk durch. Peter Huchel lehnte ab, seine Verse zu sprechen, und man kam überein, die Gedichte zu zeigen, nicht laut zu lesen.« (Christoph Meckel: *Hier wird Gold gewaschen*, 2009, S. 12).
Peter Huchel (l.) und Christoph Meckels Vater Eberhard im Sommerhaus von Günter Eich in Poberow, 1935.

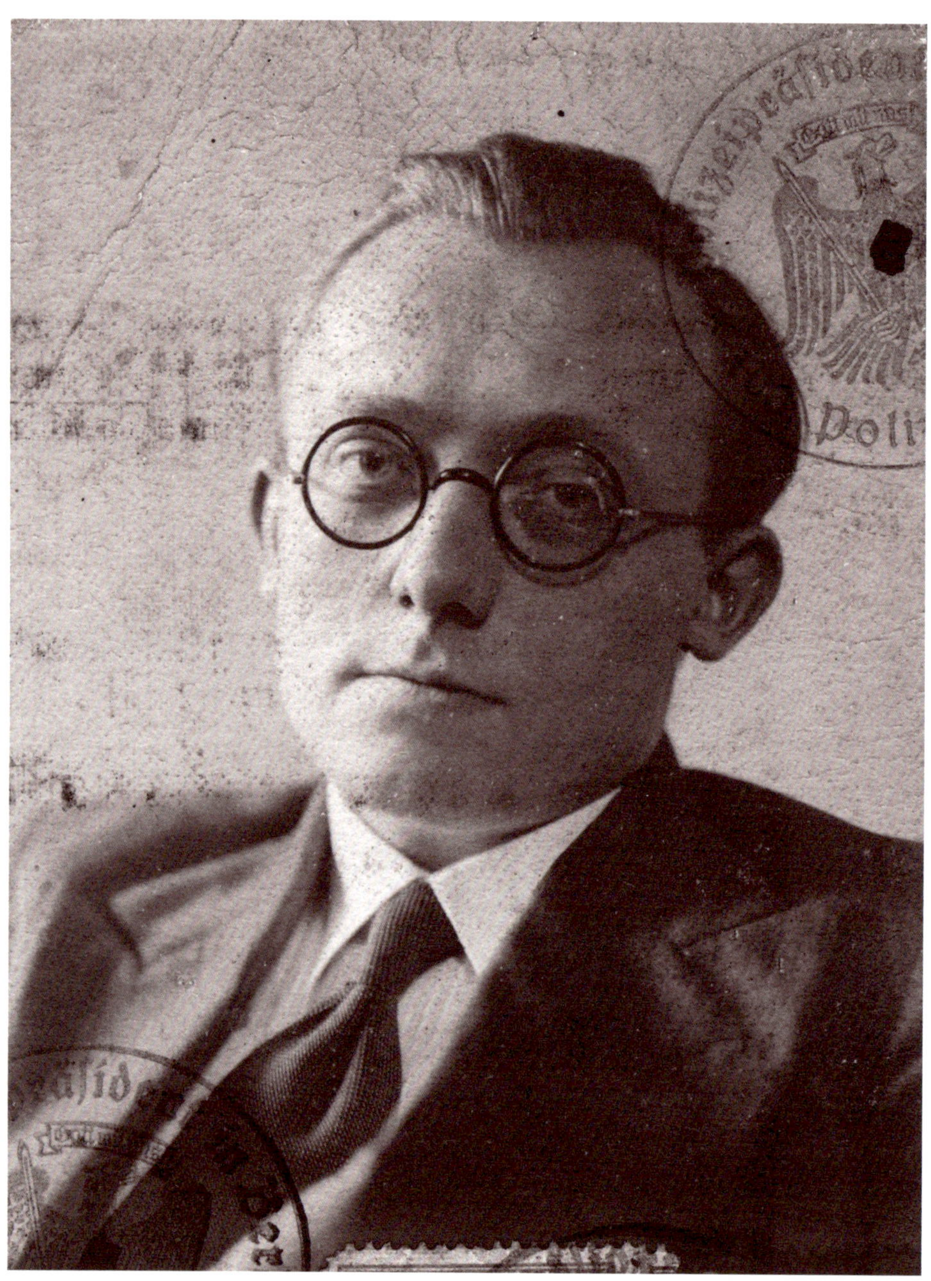

»Günter Eich galt als undurchsichtig, ›kleinbürgerlicher Chinese‹ […]. Peter Huchel hatte in diesen Jahren etwas von einem aufgeklärten märkischen Heimatdichter. Gärtnereien, Ziegelöfen, Heide und Sand der Mark, Flusswasser und Kiefernforst waren gemeinsame Motive Huchels und Eichs.« (Christoph Meckel: *Hier wird Gold gewaschen*, 2009, S. 13). Günter Eich. Passfoto aus dem Führerschein, 1935.

Nach Kriegsausbruch gilt auch für den Rundfunk die militärische Marschrichtung, literarische Hörspiele kommen kaum noch ins Programm. Huchel gehen allmählich die Aufträge aus. Und im August 1941 ist auch seine soldatische Schonzeit vorbei. Er wird zum Bodenpersonal der Luftwaffe eingezogen und als Funker ausgebildet. Um ein Haar landet er vorm Militärgericht, als er einen Feldwebel, der die Soldaten besonders übel schikaniert, im Jähzorn niederschlägt. Günter Eich, der davon erfährt, wendet sich an Georg von der Vring, einen Oberleutnant und Verfasser von Gedichten und Kriegsromanen, der sich die Akte besorgt und sie angeblich verschwinden lässt. Anschließend schreibt er an Huchel:

»Lieber Peter Huchel,
ich habe gehört von Eich, Sie sind Soldat, und möchte Ihnen das Beste wünschen, auf daß Sie diese für uns Dichter sehr merkwürdige Sache gut überstehen. Es ist schwer, aber Sie werden viel lernen. Auch ich habe dabei viel gelernt, und es scheint mir mehr und mehr, daß es zum Leben gehört. Lassen Sie sich nicht zu viel gefallen, das ist mein Rat. Übergriffe von Kreaturen darf man sich nicht gefallen lassen, es gibt immer irgendwo einen, der wacht. Verlassen Sie sich auf den.«

Ein in Kriegszeiten erstaunlich kühner Rat, der Huchels Vorstellung vom Ausnahmerang des Dichters aber durchaus entsprochen haben dürfte. Und tatsächlich scheint eine schützende Hand ihn durch die Armeeeinsätze an der allmählich zusammenbrechenden Front zu leiten. In der Uckermark und bei Greifswald muss er nach feindlichen Flugzeugen Ausschau halten, 1943 wird er zum Flugkommando Grunewald auf sogenannte Heimatwache versetzt. Ein Kamerad, Günther Birkenfeld, berichtet nach dem Krieg, dass Huchel auch während seines Militärdienstes dichtete: »Zwischen den vielen Alarmen, Schlaflosigkeit und allgemeiner Überreiztheit, saß er da im engen Wachkabuff unseres Bunkers, tagelang, nächtelang, und starrte vor sich hin über einer dünnen Oktavkladde, in die er mitunter eine Zeile schrieb, zumeist aber das Leere hinwegdichtete, von fiebernder Nervosität oder auch schon von wütiger Erbitterung angefüllt, von der Wut des Vaganten hinter Kerkermauern.« Für Huchel werden die Gedichte wieder zu dem, was sie ganz am Anfang waren – poetische Dialoge, magische Vorgänge, mit denen sich Tiere, Pflanzen, Menschen beschwören oder abwehren lassen. In einer Zeit, in der jede Unterhaltung Gefahr bedeutet, bleibt wenigstens das hingeraunte, rhythmisch durchformte Gespräch mit sich selbst.

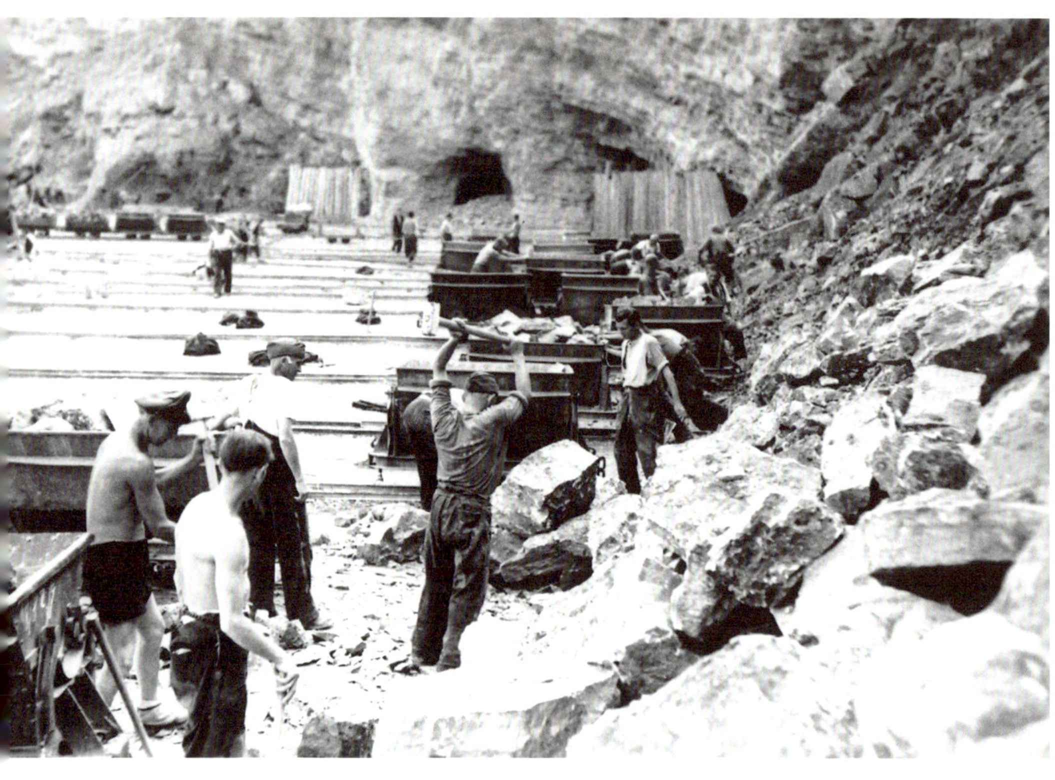

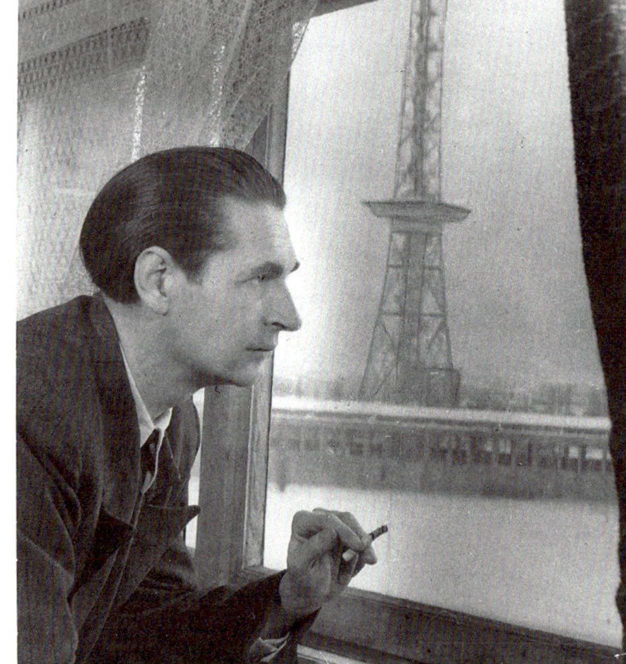

Häftlinge im Steinbruch Rüdersdorf bei der Arbeit. Aufnahme von Otto Donath, 3. September 1949.

Neuanfang im Radio: Peter Huchel im Haus des Rundfunks, Berliner Masurenallee. Aufnahme um 1947.

Doch die Dämonen des Krieges kommen immer näher. Und im Krieg ist alles einfach, aber das Einfache höchst schwierig, wie Huchel von Carl von Clausewitz weiß. Als ein abgestürzter englischer Flieger gefangengenommen wird, soll sich Huchel am Erschießungskommando beteiligen; er weigert sich und kommt für einige Tage in Arrest. Im Juli 1944 wird er zur Nachtjagdstellung Birkhahn in den Hohen Fläming verlegt, wo er junge Frauen und Mädchen als Funkerinnen auszubilden hat. Er verübt immer wieder kleinere Sabotageakte, um die Flugabwehr zu erschweren. Denn als Funker kann er die ausländischen Sender hören und weiß über die Kriegslage Bescheid. Im April 1945 ist schon der Geschützdonner der Amerikaner von Westen her zu hören, bald darauf naht die Rote Armee von Osten. Die Militärpolizei entdeckt Huchels unbrauchbar gemachtes Gewehr und will ihn vor ein Standgericht stellen, doch im Chaos der letzten Kriegstage kann er entkommen und sich in einer Scheune verstecken. Er wird Zeuge von Vergewaltigungen und flieht schwimmend durch ein Gewässer:

»O Nacht der Trauer, Nacht April,
die ich im Feuerdunst durchschwamm,
umweht vom schwarzen Wassergras,
als schwankte Haar auf trübem Schlamm,
mit Pfählen treibend und mit Brettern,
mit Knäuln von Ästen und mit Aas,
versengtem Schilf, vereisten Blättern,
flußabwärts mit den Toten still.«

Endlich wird Huchel von sowjetischen Truppen festgenommen und mit zwanzigtausend weiteren Gefangenen, von denen viele nicht überleben, im Rüdersdorfer Kalkwerk interniert. Schon vor Kriegsende gibt es offenbar Verbindungen zum Nationalkomitee Freies Deutschland, das sich mit Rundfunkansprachen, Flugblättern und Broschüren an die deutschen Soldaten wendet. Er meldet sich freiwillig zu einem Antifa-Kollektiv und wird Leiter der Kulturgruppe, veranstaltet Lese- und Konzertabende und organisiert Vorträge. Als sich herausstellt, dass er russische Autoren kennt und über Rundfunkerfahrung verfügt, wird er im September mit Musikern und Technikern auf einen Wagen gesetzt und ins Haus des Rundfunks in der Masurenallee gebracht, einer sowjetischen Enklave im Westsektor Berlins. Hier soll er die Hörspielabteilung aufbauen. Eine Dienstwohnung gibt es auch. Das neue Leben kann beginnen.

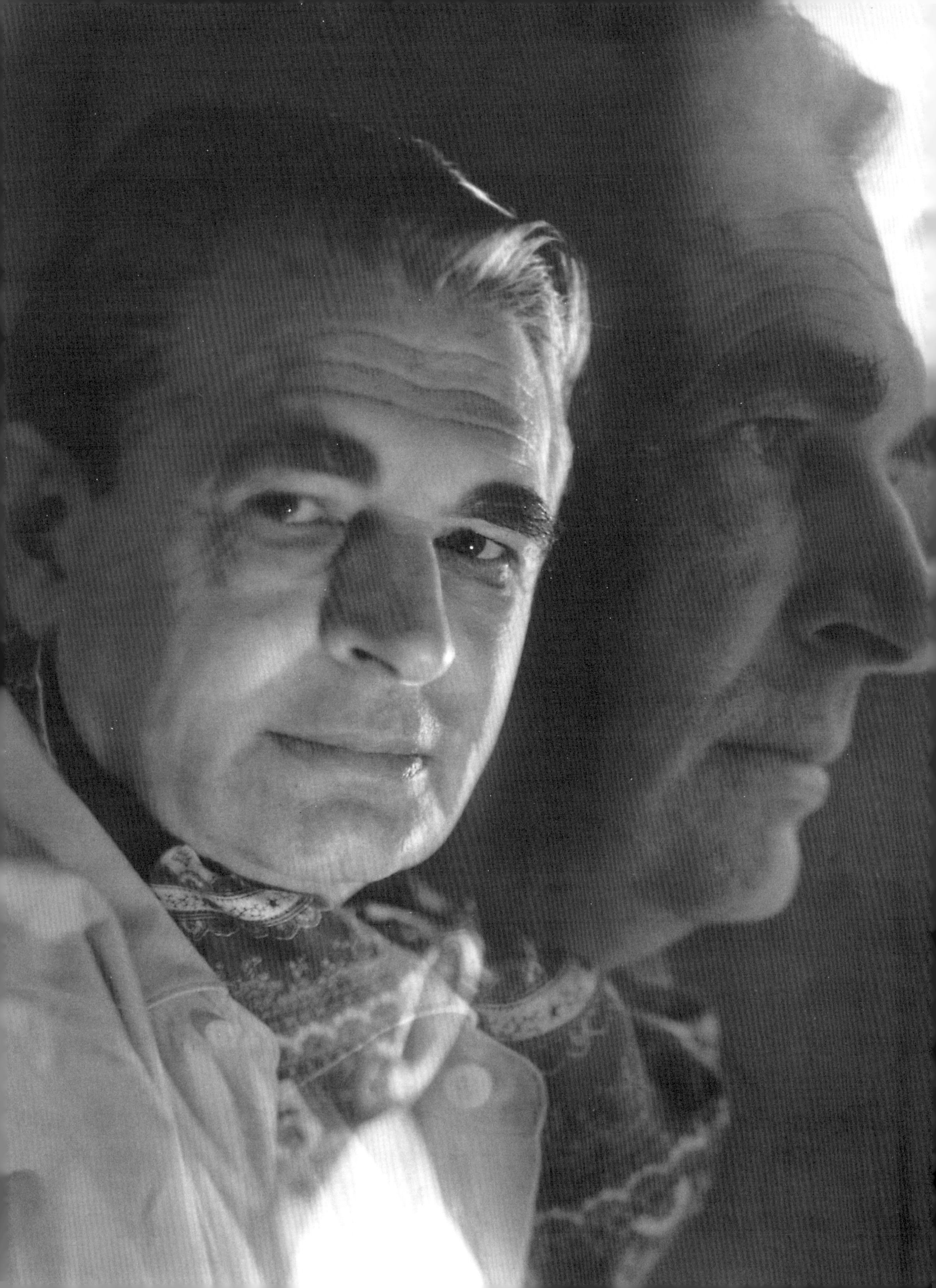

»Ich wünsche Ihnen, bei Gott, nicht den Posten eines Chefredakteurs«

Als Marcel Reich-Ranicki 1956 in Warschau Peter Huchel begegnet, muss er eine schreckliche Nachricht überbringen: »Brecht ist gestorben.« Wie aus der Pistole geschossen soll Huchel darauf geantwortet haben: »Um Gottes willen – was wird aus *Sinn und Form* werden ...« Dass nicht »der Tod eines genialen deutschen Dichters der Gegenwart, ja des Jahrhunderts« ihn erschüttert, sondern das Ende »eines Beschützers und Förderers der von ihm, Huchel, redigierten Zeitschrift«, kann Marceli Reich, wie er damals noch heißt, kaum fassen. Aber Huchel weiß, was auf dem Spiel steht. Brecht war sein wichtigster Verbündeter, vielleicht der einzige, der einen gewissen Schutz versprach. Schon 1953 hatte Brecht ihn beschworen, seinen »Laden« ebenso zu verteidigen wie er sein Theater, *Sinn und Form* und das Berliner Ensemble seien die besten Visitenkarten der DDR.

In der Absicht, ein kulturelles Aushängeschild des neuen Staates zu schaffen, wird die Zeitschrift 1949 auch gegründet. Johannes R. Becher, Dichter, Kulturbund-Präsident und späterer DDR-Kulturminister, sowie Paul Wiegler, Schriftsteller und Übersetzer, glauben ausgerechnet in Huchel den geeigneten Redakteur gefunden zu haben. Doch der hat, wie so oft, erst einmal keine Lust. 1948 ist der Band *Gedichte* im Aufbau Verlag erschienen, sein erstes Buch überhaupt, er schreibt und veröffentlicht wieder und hat beim Berliner Rundfunk gerade erst erlebt, wie die Parteivertreter das Ruder übernehmen und für eine streng sozialistisch ausgerichtete Kulturpolitik sorgen. Becher lässt nicht locker, er braucht einen Mann mit literarischem Gespür und redaktioneller Erfahrung, aber ohne Parteibuch. Beim Rundfunk hat man ebenfalls zunächst auf Huchel gesetzt, weil eine antifaschistische Volksfront aller demokratischen Intellektuellen und Künstler entstehen soll. Und auch Becher und Wiegler geht es um eine »repräsentative literarische Umschau – nicht nur für die

Blick nach vorn und Blick zurück. Peter Huchel, wohl um 1959. Foto von Edmund Kesting.

4.8.1956

Helene Brecht-Weigel
Berlin
Berliner Ensemble

NDR

Aus Galizien zurückkehrend finde ich erst heute Dein Telegramm. Bin erschüttert über Brechts plötzlichen Tod und untröstlich darüber, dass ich in diesen schweren Stunden nicht in Berlin sein konnte. Um wie viele Jahre zu früh ist dieser wahrhaft geniale Dichter ~~von uns gegangen~~, unser guter Freund, ~~und Genossen unser Lehrer in~~ von uns gegangen. ~~In aufrichtiger~~

Dein Peter Huchel

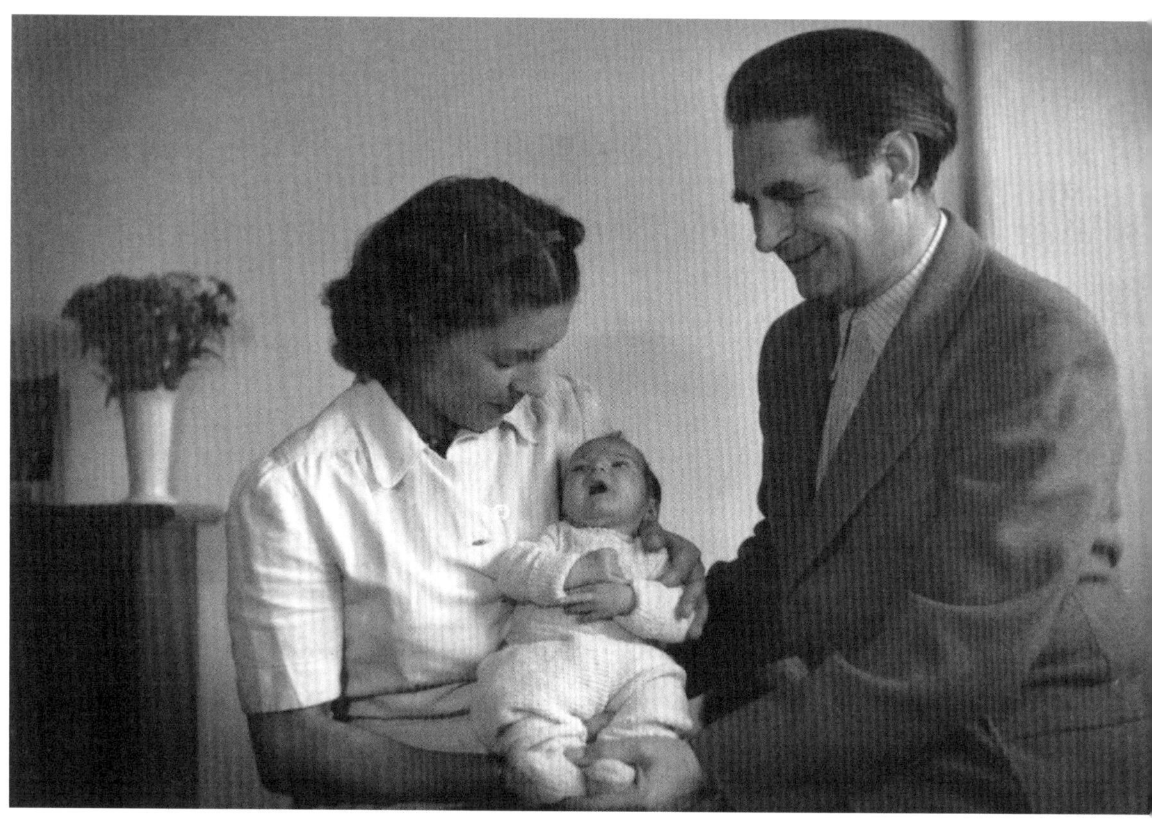

Ostzone – sondern für ganz Deutschland«. So steht es in einer redaktionellen Absichtserklärung, nach der das Unternehmen dem »Geist der Sprache und der Dichtung« dienen sowie den »Geist der Humanität und des Sozialismus« vermitteln soll.

Huchel selbst vertritt diese ästhetischen und ideologischen Vorgaben in einem Rundfunkgespräch, das er 1949, nach Erscheinen des ersten Heftes, mit Hermann Kasack führt: »In unserer Zeitschrift sollen die Dichter ihren Platz finden, die im Sinne menschlichen und gesellschaftlichen Fortschritts, des Humanismus und der geistigen Vertiefung mit künstlerischen Mitteln das Wort formen. Unsere Auswahl ist bewußt streng und auf höchste Qualität bedacht. [...] *Sinn und Form* soll den ganzen Reichtum der Literatur aufzeigen, die verschiedenen Ströme der schöpferischen Kräfte, soweit diese keine Verzerrung der objektiven Wahrheit darstellen. Wir werden uns nicht uniformieren. Wir werden aber auch keine literarischen Moden unterstützen, die aus den Überresten einer bürgerlichen Ästhetik kommen. Für bloßes Virtuosentum, für einen extremen Subjektivismus haben wir keinen Raum.«

Was hier scheinbar ganz harmonisch zueinanderfindet, erweist sich innerhalb kürzester Zeit als hochproblematische Verbindung. Der propagierte menschliche und gesellschaftliche Fortschritt kann nur der des staatlichen Sozialismus sein – und sich auf diesen zu verpflichten und zugleich jede Uniformierung abzulehnen, ist ein gewagtes Unterfangen, auf das Huchel sich aber immer wieder einlässt. Dass nicht nur Überreste, sondern gänzlich neue Ausdrucksformen bürgerlicher Ästhetik ihren Weg in seine Zeitschrift fänden, wird einer der Hauptvorwürfe der folgenden Jahre sein. Dabei konnte dies bei einer Publikation eigentlich kaum überraschen, die äußerlich und inhaltlich so stark mit der Zeitschriften- und Debattenkultur der zwanziger Jahre verbunden ist.

An Huchels frühen Äußerungen lassen sich schon mehrere Grundpfeiler der neuen Unternehmung erkennen, die im Lauf der Jahre das Geheimnis seiner Dauer ausmachen: allem voran die strenge Auswahl der Beiträge, die sorgfältige sprachliche Bearbeitung sowie die alleinige Gewichtung nach literarischer Qualität. Um ein Heft mit Beiträgen zum Tode Stalins kommt auch Huchel nicht herum – der sich obendrein von Döblin, dessen im Westen unveröffentlichten Roman *Hamlet oder Die lange Nacht nimmt ein Ende* er an Rütten & Loening in Ost-Berlin vermittelt, wegen eines Stalin-Aufsatzes von

»Brechts Tod hat mich sehr getroffen. Ich saß mit einer Autopanne in Galizien fest, und als ich wieder in Warschau eintraf, fand ich das Telegramm von Helene Weigel an mich; aber da war Brecht schon beerdigt.« (Brief vom 5. November 1956 an Oda Schaefer).
Entwurf des Kondolenzschreibens an Helene Weigel, die ihn tatsächlich als Erste über Brechts Tod informiert hatte.

»Huchel war der Mann, auf den ich gewartet hatte. Er war interessant, witzig, humorvoll von manchmal verletzender Schärfe. Niemals war es langweilig mit ihm, er kannte Hunderte von Menschen, er sah gut aus, und – was mir seltsam wichtig war –, er war groß.«
Monica und Peter Huchel mit ihrem Sohn Stephan. Aufnahme in Berlin 1949.

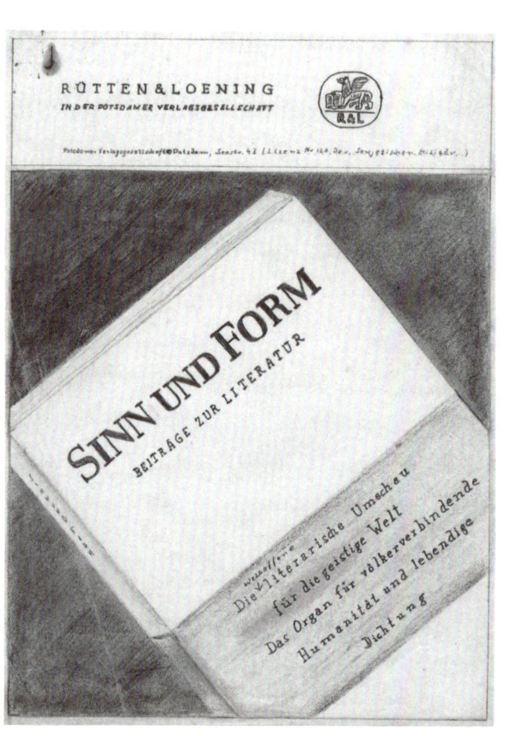

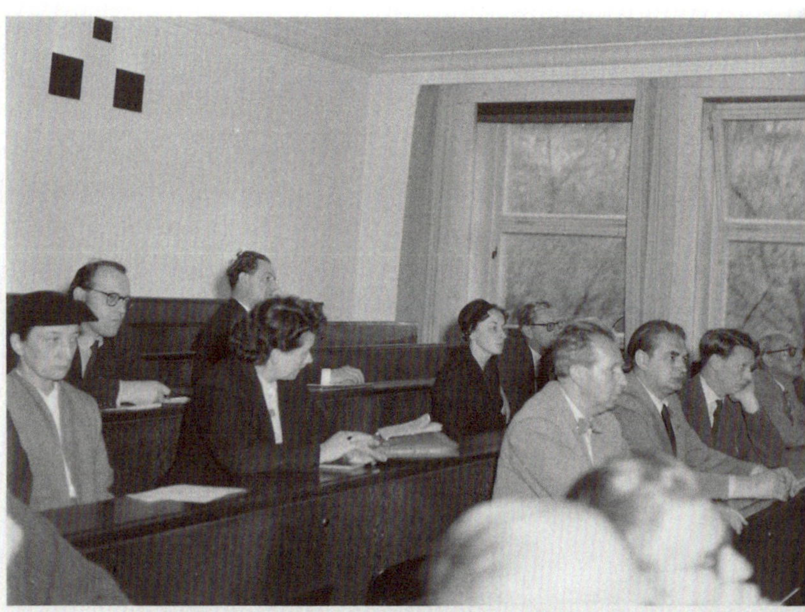

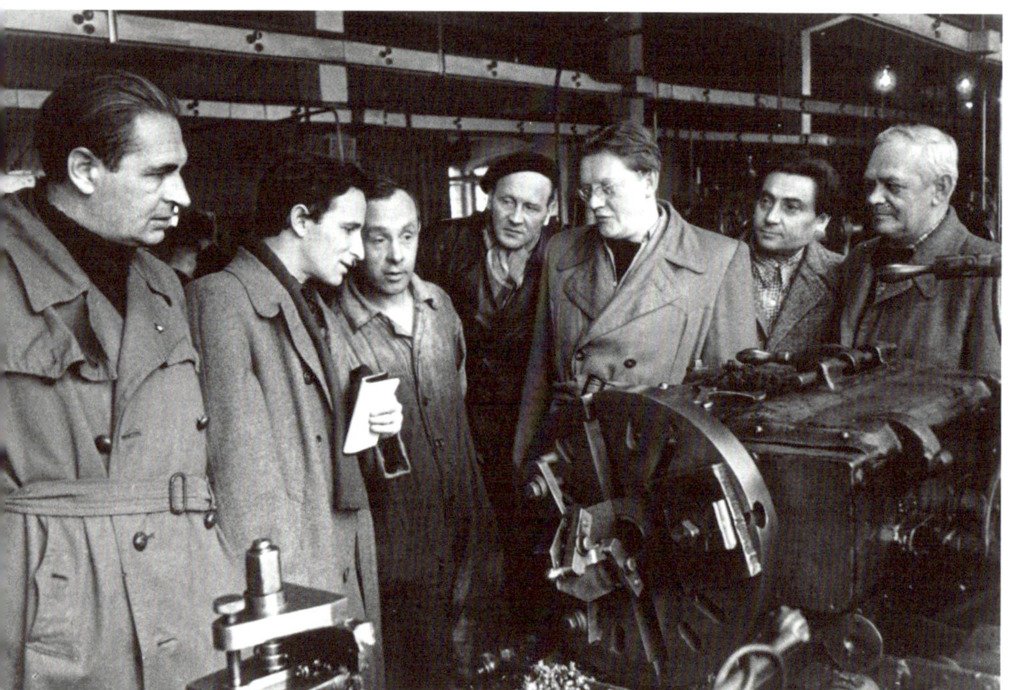

Neugründung im klassischen Gewand. Umschlagentwurf für die Zeitschrift *Sinn und Form* von Eduard Stichnote aus dem Jahr 1948.

Erich Arendt, Peter Huchel und Stephan Hermlin auf einer Tagung in den fünfziger Jahren, möglicherweise die PEN-Tagung 1956 in London.

Von der Sowjetunion lernen, heißt siegen lernen. Peter Huchel auf einer Reise durch die Sowjetunion im Mai 1953, als man in Ost-Berlin versuchte, ihn als Chefredakteur von *Sinn und Form* abzusetzen. V. l. n. r.: Peter Huchel, Paul Wiens, sowjetischer Arbeiter, Jurij Brezan, Kurt Barthel (Kuba), Max Zimmering und Hans Marchwitza.

Ernst Bloch rügen lassen muss. Aber derlei bleibt die Ausnahme und bestimmt nicht die geistige Physiognomie der Zeitschrift. Und auch wenn marxistischen Denkern wie Bloch oder Ernst Fischer besonderer Raum eingeräumt wird, achtet Huchel auf die Offenheit und Ausgewogenheit der Texte, legt Wert auf die Komposition der Hefte, die Gegenüberstellung und Ergänzung unterschiedlicher Standpunkte. Dem Leser sollen keine Meinungen vorgegeben, sondern Denkangebote gemacht und Deutungsräume eröffnet werden. Große Literatur und kluge Essayistik, so Huchels Überzeugung, kann gar nicht einseitig oder parteiisch sein. Vor allem dürfe man niemals »ins rein Publizistische absinken oder gar ins Platte«, schreibt er 1955 an die Akademie der Künste. Mit den angebotenen Roman-Vorabdrucken, die genauso gut anderswo erscheinen können, sei ihm nicht gedient. Als der rumäniendeutsche Autor Alfred Margul-Sperber 1957 eine umgehende Publikationszusage erbittet, lässt Huchel ihn wissen, dass er ein Manuskript erst annehmen kann, wenn er es gesehen und gelesen hat. Jedenfalls dürfe es dem Untertitel der Zeitschrift nicht widersprechen: »Es muß nur ein wirklicher ›Beitrag zur Literatur‹ sein, also ein Essay, eine Analyse, kein Zeitungsaufsatz.« Und was »zur leichteren Literatur oder zum Feuilleton« gehöre, komme ohnehin nicht in Frage.

Auf den Ritterschlag für ihr neues Blatt müssen die Herausgeber nicht lange warten. Bereits am 4. Februar 1949 schreibt Thomas Mann an Becher: »Die Zeitschrift wirkt außerordentlich vornehm und wird, dieser Eröffnungsausgabe nach zu schließen, wohl rasch den ersten Platz unter den deutschen literarischen Revuen einnehmen. Es ist kein unbedeutender Beitrag darin, und diejenigen, die ich nicht nur überflogen, sondern ernstlich gelesen habe, waren mir eine wirkliche Bereicherung.« Dass Mann den ursprünglich vorgesehenen Namen seiner Exilzeitschrift *Maß und Wert* nicht freigegeben hat, darf man im Nachhinein als glückliche Fügung bezeichnen. Becher verfällt stattdessen auf das weniger zucht- und normmäßig klingende *Sinn und Form* (das er, so die Vermutung des Huchel-Biographen Hub Nijssen, in Romano Guardinis Buch *Form und Sinn der Landschaft in den Dichtungen Hölderlins* findet). Über ein ihm gewidmetes Sonderheft schreibt Brecht im Sommer 1949: »Es ist eigentlich die erste Publikation, die mich mit den Deutschen zusammenbringt, meine eigenen Bemühungen abgerechnet.« Und der vielseitige, von Beginn an umworbene und bald zu den sogenannten Hoflieferanten zählende Hans Mayer teilt Huchel am 1. Februar 1950 mit, er verspüre »immer weniger Lust, an irgend einer der anderen Gazetten und Zeit-

SINN UND FORM

BEITRÄGE ZUR LITERATUR

HERAUSGEGEBEN VON DER DEUTSCHEN AKADEMIE DER KÜNSTE

CHEFREDAKTEUR
PETER HUCHEL

POTSDAM-WILHELMSHORST
HUBERTUSWEG 43-45
TELEFON: MICHENDORF 394

Den 30. Januar 58

Lieber Ludvík,

ab 17 bis 19 schweigt des Sängers Höflichkeit. Ich werde Ihnen, falls Sie mir 4 Wochen Frist einräumen können, etwa nachstehende Jugendgedichte schicken:

Für »Heimkunft«: Der Tod des Büdners
Erinnerung (liegt bei)
Die Kammer

Für »Sternenreuse«: Marseille
Hotel Liberty
Holunderhöhle
Mädchen im Mond
Der Totenhecht
Melusine
Hohlweg der Heimat

In diesem Abschnitt sollten auch die beiden »Widmungen« (in letzter Fassung) und »Eine Herbstnacht« (in letzter Fassung: Urfrühe Mütter – nicht uralte Mütter) nach Möglichkeit gestellt werden. Gleichfalls: »Mittag« (liegt bei).

Beim besten Willen kann ich Ihnen aber nicht sagen, wie die zweite und vermehrte Auflage aussehen wird. Ich wollte am 1. Januar für ein Vierteljahr in Urlaub gehen, mich frei machen von aller Redaktionsarbeit – da kam wieder einmal einiges dazwischen. Das allein ist der Grund,

(87) ZGL Bm 881/56 1 11750

weshalb ich mich nicht aufraffen konnte, an Sie zu schreiben, obwohl ich oft und mit grossem Kummer an Sie dachte – doch was sollte ich Ihnen, lieber Freund, schon mitteilen? Nichts Erfreuliches gab es; ich erinnerte mich der Jugendverse »Lenz«, ich grub sie aus in rechter Stimmung; sollte Ihnen diese Litanei zusagen, so würde sie auf »Cimetière« im Band folgen.

Gedichte aus dem Krieg wie »Bericht des Pfarrers ..«, »Der Tote und das Kind« »Die Sennin« u.s.w. (ich füge die Stücke bei), also Teile aus dem »Gericht« können Sie, wenn Sie wollen, im Abschnitt »Zwölf Nächte« unterbringen. Schliessen sollte dann der Band mit dem Gedicht »In der Heimat«.

Wie dem auch sei, mon cher vieux, überladen Sie nicht zuviel, nehmen Sie nur das, was Ihnen liegt! Wollen Sie aus – geben Sie dem Band den Untertitel »Eine Auswahl«. Ich weiss mich bei Ihnen in guten Händen – ich autorisiere Sie für jede Zusammenstellung des Buches. –

Sehr habe ich mich über Ihren »Kubin« gefreut, eine starke Arbeit, ich werde sie bringen, mit den anderen, die längst für den Druck vorbereitet worden sind – es gab Gründe etwas zu warten, ich sage Ihnen das, obwohl es mir nachgerade peinlich ist, diesen Punkt zu berühren.

Verzeihen Sie die flüchtige Schrift, mein altes Nervenreissen plagt mich, es geht mir nicht gut.

In alter Herzlichkeit

Ihr [illegible]

Kundera

(Letzte Fahrt S. 26, Havelnacht S. 66)

1. Schilf und Rohr sind nicht besonders zu unterscheiden.
Röhricht bezeichnet eine Mehrzahl von Schilfpflanzen, z.B. den dichten Schilfsaum an Gewässern.

Binsen auf sauren Wiesen und sumpfigem Boden wachsende grasähnliche Pflanzen der Gattungen Juncus und Luzula [struck out]

2. Algen keine besondere Gattung, sondern diese Pflanzenart als solche. Es gibt unzählige Arten Süßwasseralgen.
keine Meeresalgen! Die Algen des Teichs.

3. Schleuse (Sternenreuse S. 58)
Es ist Schleuse schlechthin, das heißt das Gesamte einer Schleuse gemeint. Desgleichen [struck out] auch in Havelnacht. S.66

4. Zacken und Zweige Zacken sind zum Unterschied von Zweigen [struck out] derb, knorrig, [struck out]. Es ist ein mundartlicher Ausdruck. *Kiefernzacken, im Sinne von trockenem Geäst; Brennholz*

5. Klettenmarie *
** Arctium L.*
eine alte Magd, die stets Kletten am Rock hat; nicht spöttisch gebraucht, sondern im Gegenteil: zärtlich; [illegible]

6. Wendische Heide (S. 9) Heide muß beibehalten werden, Steppe darf nicht gebraucht werden.
Volk ist mit dem entsprechenden tschechischen Wort für "Volk" zu übersetzen, ohne nähere Ausdeutung, da es hier mehrsinnig ist.
Keinesfalls "Lausitzer", eher schon "sorbisch", aber auch das entspricht nicht ganz, weil es zu sehr lokalisiert. "Wenden" war ursprünglich die allgemeine Bezeichnung für Slawen, die vom 7.Jh. an zwischen Oder, Havel, Spree, Elbe, Saale und dem Erzgebirge wohnten.

7. Felber · Weide

8. Sommer S. 29

Dich will ich rühmen,
Erde,
noch unter dem Stein,
dem Schweigen der Welt
ohne Schlaf und Dauer.

Dauer = wörtlich übersetzen!
soll heissen: das Schweigen der Welt wird nicht ewig dauern. ein waches Schweigen; übersetzen Sie ganz frei!

9. Von Nacht übergraut S. 73

[struck out] *kein innerer Monolog, eine bestimmte Gestalt ist gemeint.*

(Foto nach Seitz)

eigentlich Zauche. Landschaftsname

10. Kindheit S. 10 ~~Zauch Frau Narr sagt, es sei ein Flurname. Ich habe das Wort nirgends gefunden, nur Zauch-Belzig.~~ Da man es nicht deutsch in eine tschechische Übertragung einfügen kann, müßte Kundera sich wohl mit etwas behelfen, was unserem "Flur", "Land", "Gefild" entspricht.

Die „Zauch", meist „Alte Zauche" ist der Landschaftsname meiner Heimat, also unübersetzbar, kann notfalls durch Heimat, Heimatflur, Gefild der Heimat übertragen werden.

drämmern etwa "klirren", aber etwas dumpfer, das rasselnde Scheppern der Eimer.

11. Magd S. 12 Kienzapf verkürzte Form von Kienzapfen = die Zapfen (Früchte) der Kiefern (Föhren

12. Am Beifußhang S. 18 Kratzdistel botan. Name = Cirsium Scop. über 150 Arten, also wohl besser mit "kratzende Distel" zu übersetzen, falls das Tschechische keine entsprechende Gesamtbezeichnung bietet. Wegdistel, purpurrot oder weiß blühd.

Lupine die gelbblühende Art, die hier feldmäßig angebaut und als Futter und zur Gründüngung verwendet wird. Lupinus luteus L.

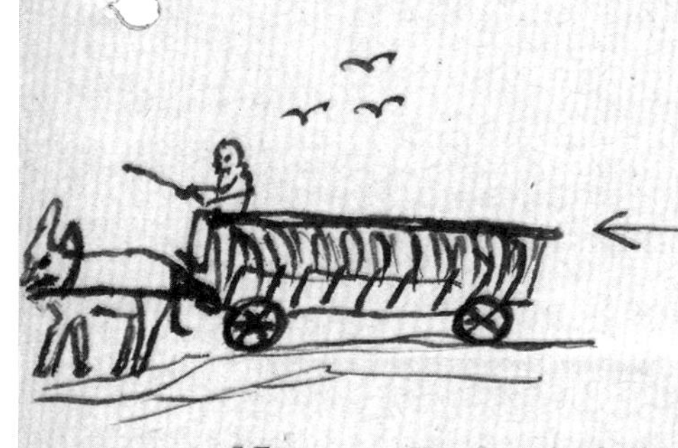

Bindebaum auch Wiesebaum, Wiesbaum: Stange, die der Länge nach über dem Heuwagen liegt und von ~~mit~~ Seilen gehalten wird, damit die Heulast nicht ins Rutschen gerät.

13. Knabenteich S. 22 Entengrütze = Entenflott = Wasserlinse: botan.: Lemna L. Am häufigsten vorkommend Lemna minor und Lemna polyrhiza. Sehr kleine, auf dem Wasser schwimmende Pflanze, die sich stark vermehrt und oft stehende Gewässer fast ganz bedeckt.

Kalmus = Acorus Calamus L., Uferpflanzen mit schwertförmigen Blättern und walzenförmigen Blütenkolben (Arzneimittel aus der Kalmuswurzel). Kinder fertigen aus den Stengeln eine Art Flöte.

Wasserfloh = Daphnia Müll., man fängt sie zu Köderzwecken und als Futter für Aquariumfische.

Nick = Nöck oder Neck: ein männlicher Wassergeist der germanischen Mythologie. Die weibliche Entsprechung sind die Nixen.

14. Kinder im Herbst S. 25 Schneebeeren nicht Chiococca anguifuga, die es in Europa nicht gibt, sondern Symphoricarpus racemosus Mich. kleine, weisse, kugligrunde, schaumige Früchte, die die Kinder zerdrücken, um sie saftig zerknallen zu lassen

natürliche Größe am Strauch

Vorhergehende Seiten:
Brief Huchels an seinen Freund und Übersetzer Ludvík Kundera vom 30. Januar 1958 und Beilage vom 31. Januar 1958 mit Erläuterungen Huchels zu einzelnen Gedichten und Formulierungen.

schriften« mitzuarbeiten: »Übrigens vermag ich mich auch immer weniger den dort geltenden Maßstäben, gedanklich und sprachlich, anzupassen. Da bleibt uns wirklich nur *Sinn und Form*.«

Huchel, zum ersten Mal Leiter einer Zeitschrift, hat ein Organ von internationalem Rang geschaffen, das unter Autoren, Kritikern und Lesern einen exzellenten Ruf genießt. *Sinn und Form* sei in den fünfziger Jahren eine Leuchtschrift in dunkler Nacht gewesen, ihr »geduckter Mut« habe darin bestanden, »innerhalb des finstersten Stalinismus Autoren zu drucken, die es eigentlich gar nicht ›gab‹ – und Gedanken zu infiltrieren, die es – so – nicht geben durfte«, erinnert sich Fritz J. Raddatz 1989 anlässlich des Reprints der ersten zehn Jahrgänge. Walter Jens nennt es das »geheime Journal der Nation«. Und der Schriftsteller Hans Erich Nossack, den Huchel in Hamburg kennenlernt und um Beiträge bittet, spricht ihm am 8. Februar 1955 seine »Bewunderung für dies ganz einzigartige Dezember-Heft« aus: »Aber wir im sogenannten Westen müssen uns darüber hinaus eingestehen, daß wir hier selbst dann, wenn wir solche Beiträge wie die von Döblin, Jahnn, Mann, Renn usw. in der Hand hätten, nicht in der Lage wären, etwas auch nur annähernd Gleichwertiges herauszubringen.«

Wer so viel Zustimmung, ja Bewunderung erfährt, sollte mit Genugtuung und Zufriedenheit auf seine Arbeit blicken können. Doch der Redakteur lässt dem Dichter kaum noch Raum. Schon im Januar 1949 schreibt Huchel an die alten Freunde Horst Lange und Oda Schaefer: »Ich selbst komme zu nichts mehr. Mich frißt die Zeitschrift auf, und ich sehne den Tag herbei, da ich wieder privat leben kann.« Umfangreiche Korrespondenzen müssen geführt, Texte ausgewählt und redigiert, Konferenzen besucht und Besucher empfangen werden – meist in Huchels Haus in Wilhelmshorst bei Potsdam, wo die Redaktion, zu der auch Huchels neue Frau Monica Melis gehört (von Dora ist er seit 1953 geschieden), ihren Sitz hat. Die Betreuung der sensiblen Beiträger erfordert ein besonderes Maß an Gleichmut und Geduld: Als Erich Arendt auf baldige Veröffentlichung eingesandter Gedichte drängt und dann auch noch dessen Frau sich zu Wort meldet, kann Huchel im März 1956 nur seufzend erwidern: »Aber wohin – nehmen Sie mir bitte meinen kleinen Scherz nicht übel! – käme ich, wenn die Frauen sämtlicher Autoren ihr Klagelied über redaktionelle Vorgänge anstimmten, die allein der beurteilen kann, der einmal das Joch eines Chefredakteurs trug. Ich trage es mit blauangelaufenen Zehen – so schwer sind nun meine Kreislaufstörungen –, aber das nur nebenbei.« Arendt sei nicht der »einzige der recht schwierigen und empfindsamen Autoren«, auf deren Mitarbeit er größten Wert lege, für den er allerdings keine Ausnahme machen könne: »Ich muß auch Ihren Ärger einstecken.« Peter Jokostra lässt er im Mai 1957 wissen, dass er wieder »eine Anzahl Autoren verärgern und lange auf den Druck ihrer Manuskripte warten lassen« musste: »Das ist alles nicht schön, es vermehrt nur den Redaktionskummer und trägt auch wieder dazu bei, sich bei vielen Autoren unbeliebt zu machen. Ich wünsche Ihnen, bei Gott, nicht den Posten eines Chefredakteurs.« Es sei »ein überaus diffiziles, ja undankbares Amt, eine Zeitschrift im Jahrzehnt des kalten Krieges redigieren zu müssen«, heißt es in einem Brief an Lutz Weltmann vom selben Tag, und an Alfred Margul-Sperber schreibt Huchel bald darauf: »Es ist kein geruhsames Amt, Chefredakteur zu sein, und wenn man die Bilanz zieht, so bleiben nicht nur überall Briefschulden, sondern in vielen Fällen sogar Feinde zurück, die erbost darüber sind, daß man nicht stets ein Lektoratsgutachten in die Maschine diktiert und ausführliche Analysen über eingesandte Manuskripte gibt. Aber lassen wir das. Kommen wir nun auch heute zu Ihrer Mahnung.«

Hanns Eisler hingegen beschwert sich im August 1959 darüber, wie Huchel sich ihm gegenüber benehme. Dieser habe es versäumt, ihn wegen der Fortsetzung seiner Serie »Die Dummheit in der Musik« zu mahnen: »Und Sie wissen sehr genau, daß man mich mahnen muß, wenn ich etwas produzieren soll.« Ernst Bloch wiederum bestellt für einen Beitrag zu seinem siebzigsten Geburtstag noch eigens ein persönliches Grußwort: »Vielleicht kann die Redaktion noch etwas Gratulierendes und dann, dem Anlaß entsprechend und so nicht verstimmend, Superlativisches oder Großartiges vor den Aufsatz setzen, auf die gleiche Seite.« Dass Huchel sich, wie er Walter Jens wissen lässt, zuweilen wie an eine Galeere geschmiedet fühlt, ist nach Lektüre seiner Korrespondenz unschwer vorstellbar.

Aber trotz aller Klagen über fehlende Zeit zum Dichten und die Capricen der Autoren macht Huchel *Sinn und Form* zu seiner ureigenen Sache. Und wird, im Gegensatz zum Gründer Becher, von Lesern und Mitarbeitern völlig damit identifiziert. Dass auch ein anderer die Leitung übernehmen kann, scheint unvorstellbar. Und doch ist Huchel bewusst, wie gefährdet seine Position ist. Die Zeitschrift, die zunächst ohne institutionelle Anbindung im Verlag Rütten & Loening erscheint, kommt ab Heft 5/1950 zur Akademie der Künste, was einerseits Stabilität und Sicherheit bedeutet und den Zugang zu

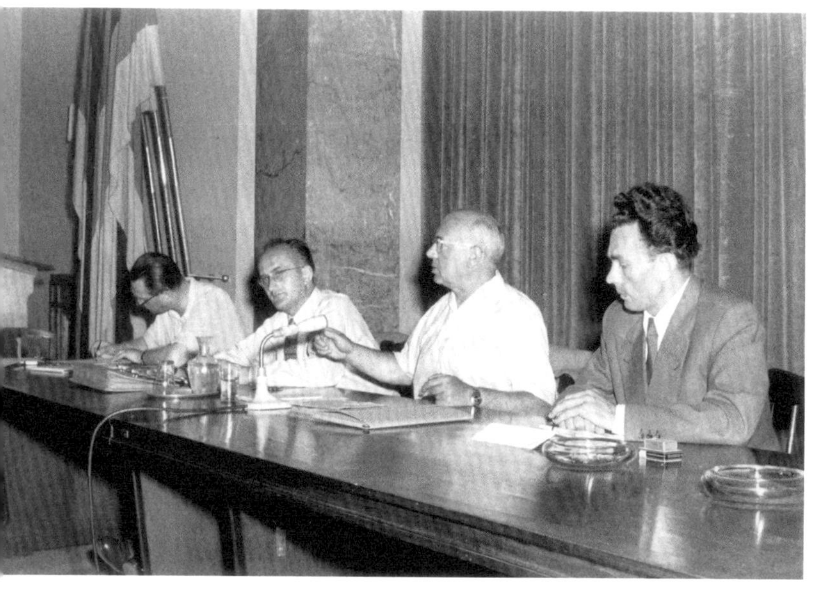

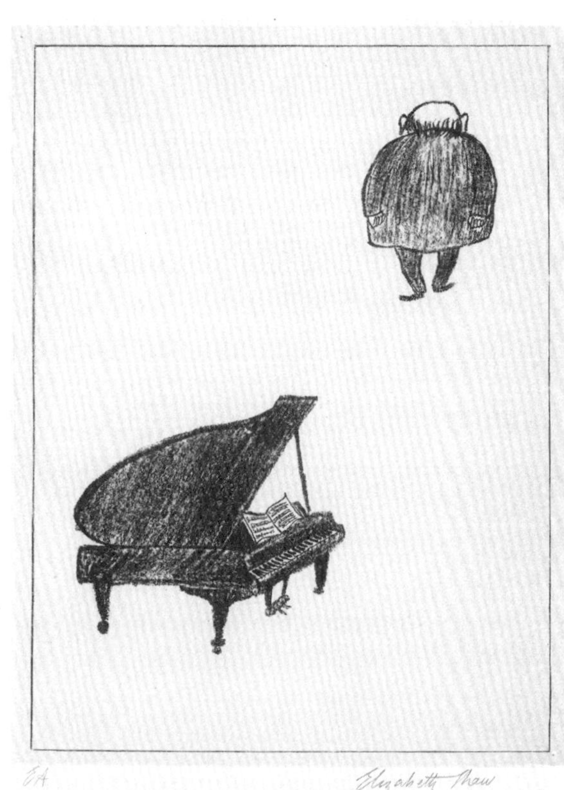
EA
Fur Steffi, 8.12.71.
Elizabeth Shaw

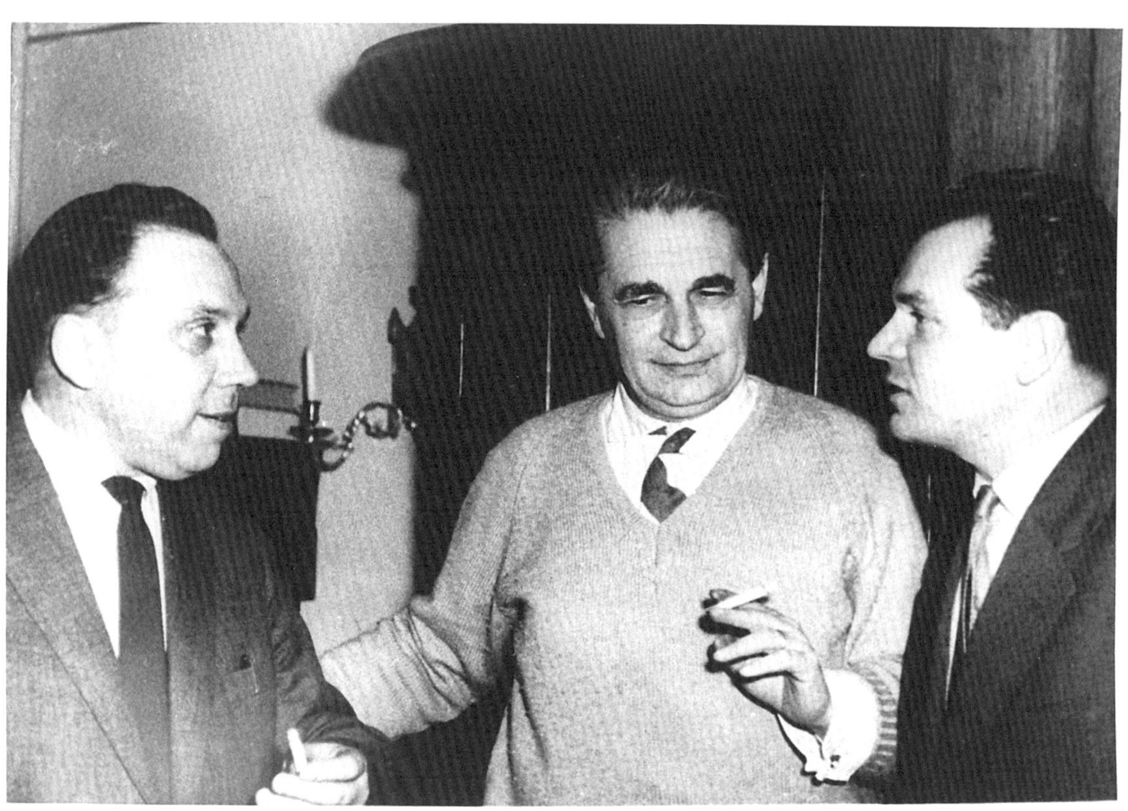

Autoren erleichtert, andererseits Einflussnahme und Kontrolle mit sich bringt. Dass die Akademie die Zeitschrift herausgibt und finanziert, die Redaktion aber auf ihrer Unabhängigkeit und Entscheidungsfreiheit besteht, führt immer wieder zu Konflikten. Gegenüber Hans Henny Jahnn klagt Huchel im März 1952: »Dazu kommt, daß ich seit der Übernahme der Zeitschrift durch die Deutsche Akademie der Künste nicht mehr die volle Aktionsfreiheit besitze, die ich vorher hatte. Besonders in letzter Zeit habe ich [...] manches einstecken müssen, und es ist nicht immer leicht, die Zeitschrift auf der gewohnten Höhe zu halten. Ich blicke oft mit Schmerzen auf die ersten beiden Jahrgänge zurück.«

Dass die eigentlichen Krisen noch vor ihm liegen, weiß er zu diesem Zeitpunkt noch nicht. In der Auseinandersetzung um Brechts 1952 gedruckte Verteidigung einer Barlach-Ausstellung und den Formalismus-Vorwürfen gegen weitere Barlach-Beiträge, vor allem aber in der Debatte um das im selben Jahr in der Zeitschrift veröffentlichte *Johann Faustus*-Libretto Hanns Eislers, dem Verunglimpfung deutschen Kulturerbes vorgeworfen wird, geht es um Huchels Kopf. Friedrich Wolf hält die Redaktion, wie er den SED-Kulturfunktionär Alexander Abusch 1953 in einem Brief wissen lässt, »politisch und künstlerisch für unfähig, die Zeitschrift *Sinn und Form* verantwortlich weiter zu redigieren«. Auch Becher, mittlerweile Präsident der Akademie der Künste, geht auf Distanz zu seinem Chefredakteur, nachdem dieser einen Nachruf Marceli Ranickis auf Erich Weinert veröffentlicht hat, in dem Bechers expressionistische Gedichte kritisiert werden. Als Huchel zum Abdruck einer Selbstkritik und zum Verlassen der Redaktion gedrängt werden soll, kann Brecht das verhindern. Und nach der Arbeiterrevolte vom 17. Juni 1953 hat die Parteiführung auch andere Sorgen, als sich um die ideologischen Defizite bei *Sinn und Form* zu kümmern.

Doch Huchels literarisches Programm, seine als liberal und elitär empfundene Gestaltung der Zeitschrift machen ihn zunehmend verdächtig. Nach dem Ungarnaufstand 1956 beendet das 30. Plenum des Zentralkomitees der SED die kurze »Tauwetter-Phase«, es folgen Schauprozesse, Verhaftungen, Entlassungen. Der »kosmopolitische Mensch« gilt als »Schädling auf den Feldern der neuen Monokultur« (Durs Grünbein). Kurt Hager, der Chefpropagandist der Partei, maßregelt im *Neuen Deutschland* auch die Redaktion von *Sinn und Form*, die sich von der gesellschaftlichen Wirklichkeit der DDR weit entfernt habe und endlich einmal »parteilich zu den so nahen und wichtigen,

Kulturminister Johannes R. Becher (2. v. r.), der Leiter des Aufbau Verlags Walter Janka (r.) und Bechers persönlicher Referent Karl Tümmler (2. v. l.) während einer Pressekonferenz im Juli 1955. Janka wurde 1956 wegen konterrevolutionärer Umtriebe verhaftet und in einem Schauprozess verurteilt. Foto von Hans-Günter Quaschinsky.

Der Komponist Hanns Eisler. Zeichnung von Elizabeth Shaw aus der Reihe »Akademiemitglieder«, 1971.

Eintracht vor dem Zerwürfnis. Johannes Bobrowski, Peter Huchel und Ludvík Kundera um 1960 in Wilhelmshorst.

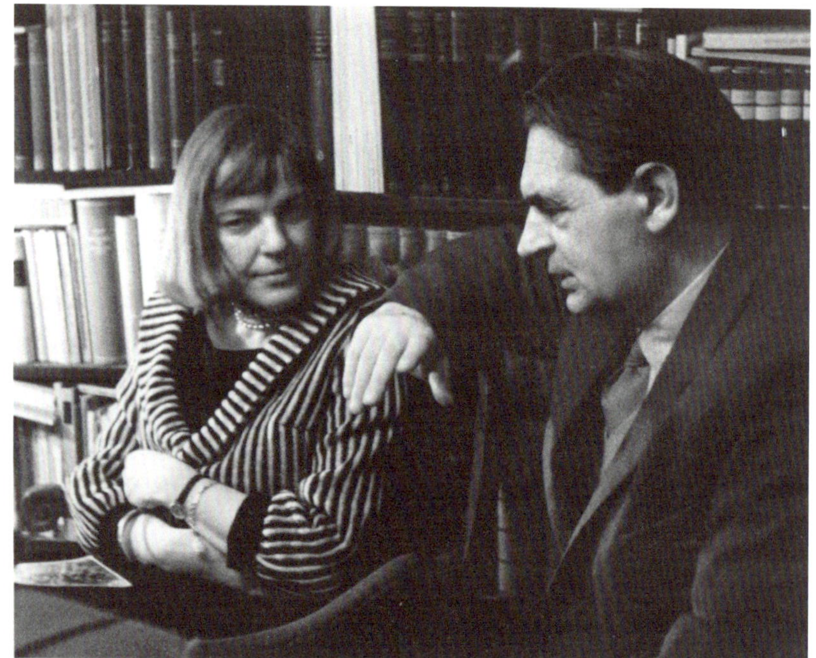

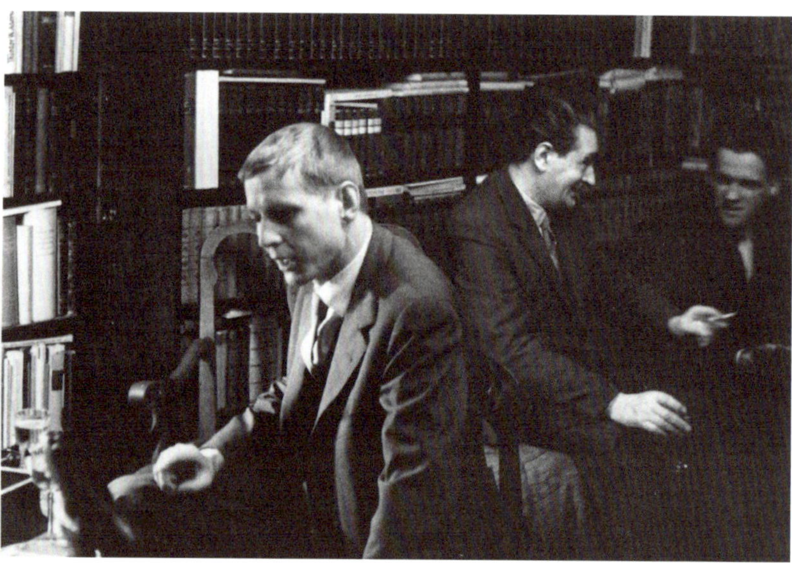

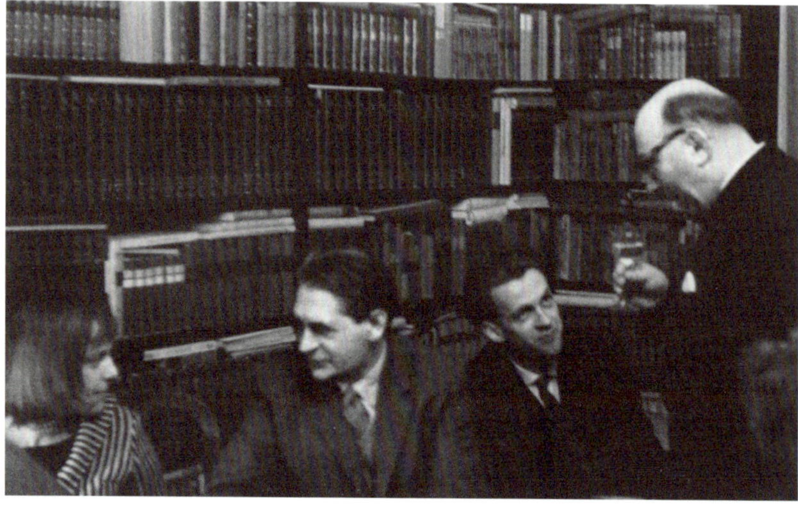

»Die Zeitschrift war für ihn wichtiger als alle ihre Mitarbeiter. Denen schrieb er, falls es nicht anders ging, kleine lockende Briefe.« (Hans Mayer: *Erinnerungen eines Mitarbeiters von Sinn und Form*, 1973). Peter Huchel bei einem Treffen im März 1960 in Hans Mayers Wohnung in Leipzig, mit Ingeborg Bachmann (Bild oben), Hans Magnus Enzensberger (l.) und Walter Jens (r.) (mittleres Bild) sowie Bachmann, Jens und Mayer (Bild unten).

so großen und erhabenen Problemen des Schönen in unserem sozialistischen Aufbau, des Heldenhaften im Kampf gegen den deutschen Imperialismus und Militarismus, des Sinns unserer Diskussion über den sozialistischen Realismus Stellung nehmen möchte«. Auf seine Forderung, die Zeitschrift solle »aus ihrer feinen Zurückhaltung und Beschaulichkeit, die etwas von der Art englischer Lords an sich hat, ihrer noblen Betrachtungsweise und philosophischen Skurrilität heraustreten«, antwortet Huchel mit seiner berühmt gewordenen Replik, in einem Manuskript hätte er Hager das Adjektiv »englisch« sofort gestrichen. Das ist gut pariert, trägt aber auch nicht dazu bei, die Wogen zu glätten.

Die Attacke gegen die Zeitschrift kann Huchel noch einmal abwehren, aber seine Tage als Chefredakteur sind gezählt. Auf einer Akademiesitzung muss er sich 1958 für das erste Jahrzehnt rechtfertigen und von Alexander Abusch fragen lassen: »Haben Sie den Geburtstag von Walter Ulbricht nicht wenigstens einmal gewürdigt? Ich verneinte, und dann nahm Herr Professor Kurella die Hefte in seine gepflegten Finger, hob sie hoch, ließ sie herunterfallen und rief: In den ganzen zehn Jahren wurde die Existenz der DDR nicht erwähnt (was übrigens nicht stimmte).« 1960 notiert Huchel: »Die Zeitschrift liegt mir wie ein Stein auf dem Herzen, und ich frage mich oft, wie ich Sinn und Form durch das 12. Jahr bringen soll«. 1962 kommt es zum Bruch und zum provozierten Rücktritt. Dass die ersten zwölf Jahrgänge der Zeitschrift, wie Konrad Farner ihm schreibt, einmal der Literaturgeschichte angehören werden, ist da schon kein Trost mehr. Die »Galeere« fährt seitdem ohne ihn weiter. Dass sie ihren Kurs halten konnte, bleibt sein Verdienst.

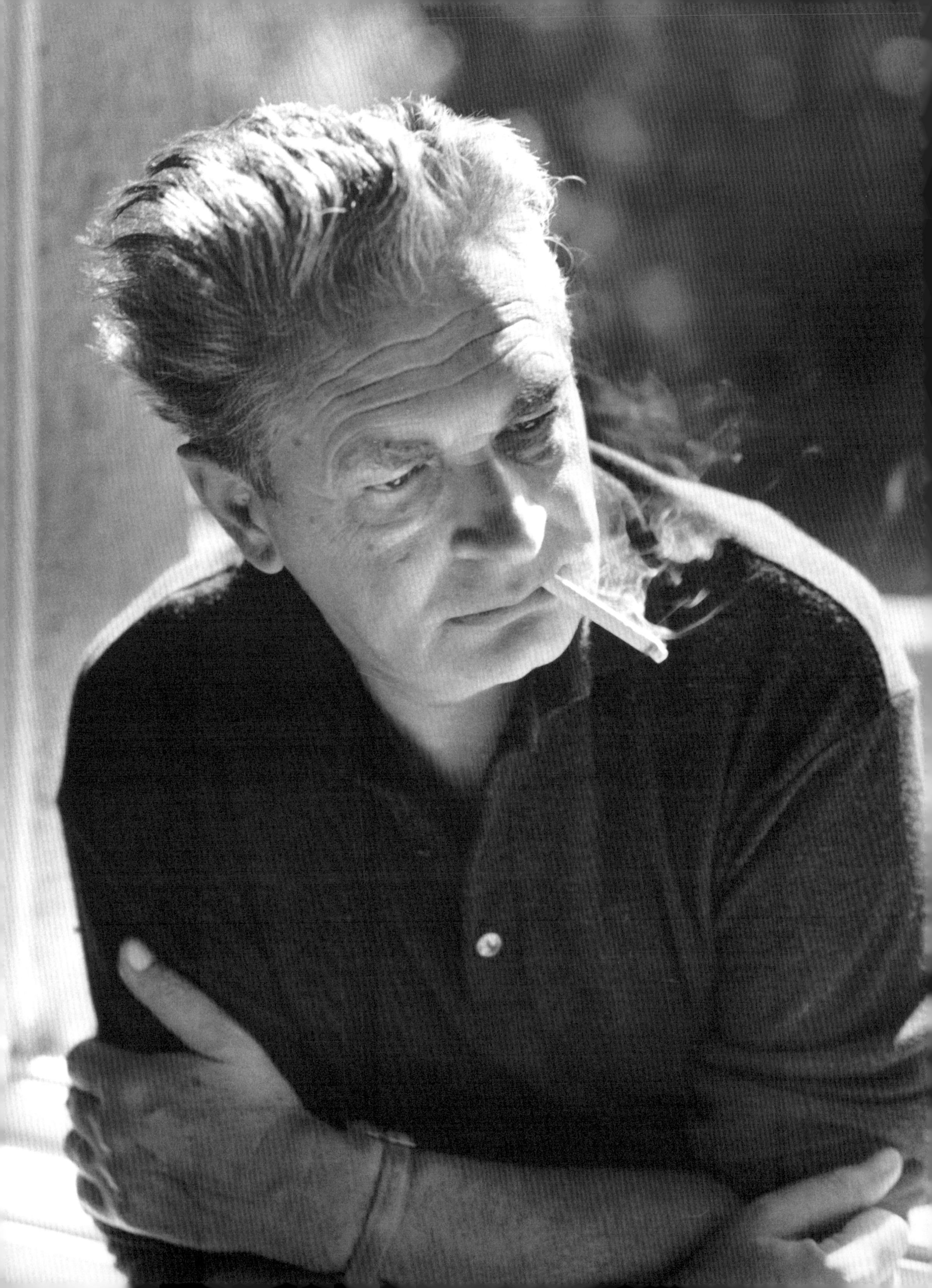

Wilhelmshorster Elegien

Manchmal kam ich wöchentlich. Oft blieb ich tagelang und schlief und schrieb unter Huchels Dach in der Dachkammer mit der Klingel von unten in der Küche. Spinnweb im Fensterchen. Der Dichter skandierte mit den Fingern auf der Cordhose eine imaginäre Zeile, über die er schon einen Monat grübelte. […] Er war der Lehrer, ich war der Schüler. Er hat mir nichts beigebracht, aber abgelernt habe ich von Peter Huchel das Schweigen zwischen den Worten.« Wolf Biermann, der Schüler des Schweigens, gehört zu den wenigen Freunden, die den entlassenen Chefredakteur in seinem Haus im Hubertusweg besuchen. Wer sich auf die Reise begibt zum alten König in seinem Exil, macht sich verdächtig, wird registriert und gerät selbst in Gefahr, auf der Liste der Staatsfeinde zu landen. Es sei denn, er steht wie Biermann schon darauf: »Wir waren beide verboten, also brauchte es keinen Mut, einander zu besuchen. Ich besuchte meistens ihn, weit draußen vor Berlin, in Wilhelmshorst, eine Weltreise ums eingemauerte, will sagen um das ausgemauerte West-Berlin rum. Huchel war schön alt, ich schön jung, und so paßten wir. Keine Dissi-Konkurrenz, kein Literatenneid. Gegen ihn war ich weder vorlaut noch kleinlaut. Er wußte es meistens besser und war dennoch kein Besserwisser. Er war am lebensbittren Ende, ich am lebenshungrigen Anfang.«

Wie bitter der Abschied von seiner Zeitschrift wird, wie hart man ihn für seine Unnachgiebigkeit bestraft, begreift Huchel erst nach und nach. Die angebotenen Kompromisse hat er abgelehnt, auf die Rechtmäßigkeit seiner Haltung und die Prominenz seines Namens vertrauend. Als das Präsidium der Akademie sich dafür ausspricht, ihm einen »ideologisch zuverlässigen Genossen Schriftsteller als Chefredakteur mit gleichen Rechten« an die Seite zu stellen, und ihm auf einer Sitzung vorschlägt, sich die Leitung mit Bodo Uhse zu teilen, redet Huchel in einem Wutanfall von Kündigung, was umgehend

Huchel 1964 in Wilhelmshorst.
Foto von Roger Melis.

Sinn und Form Heft 5/6, 1962

355 Neusatz!

Der Präsident der Deutschen Akademie der Künste,
Dr.h.c. Willi Bredel, gibt folgende Erklärung ab:

Verschiedene westdeutsche Zeitungen und Zeitschriften veröffentlichten im September dieses Jahres die Mitteilung, die Zeitschrift ~~SINN UND FORM~~ «Sinn und Form» habe aufgehört zu existieren.

Das Präsidium der Deutschen Akademie der Künste stellt dazu fest: die Zeitschrift ~~SINN UND FORM~~ «Sinn und Form» wird nach wie vor in der gleichen Auflagenhöhe und im gleichen Umfang erscheinen und mit dem gleichen literarischen Niveau.

Was sich allerdings verändern wird, ist die Konzeption der Zeitschrift, wie das Plenum der Deutschen Akademie der Künste am 30. Mai 1962 einstimmig beschlossen hat.

In der Zeitschrift wird, ihrer eigentlichen Bestimmung entsprechend, das Leben aller vier Sektionen der Deutschen Akademie der Künste zu Berlin seinen Ausdruck finden. ~~SINN UND FORM~~ «Sinn und Form» wird die Teilnahme der Akademie an der Entwicklung der sozialistischen Nationalkultur widerspiegeln und dem künstlerischen Leben der Deutschen Demokratischen Republik auch durch die Erörterung kulturpolitischer Probleme dienen. Die Zeitschrift wird, wie bisher, durch ihre Veröffentlichungen dem deutschen Leser Schätze der Kultur aller Länder erschließen.

Der bisherige Chefredakteur Peter H u c h e l scheidet auf eigenen Wunsch mit Jahresende aus. Die Leitung der Zeitschrift ~~SINN UND FORM~~ «Sinn und Form» liegt ab 1. Januar 1963 in den Händen von Bodo U h s e.

Der Präsident

angenommen wird. Dass er von seinem Posten entfernt werden soll, macht sofort die Runde. Fritz J. Raddatz erfährt am 18. Oktober 1962 davon: »Sie haben recht, ich bin von meinem alten Jeep gesprungen. Aber mir paßte nicht der Anstrich, mit dem der Wagen versehen werden sollte. Und noch weniger der mir offerierte Beifahrer; den kenne ich allzu gut. Wenn er sich einmal, durch Zufall, für die Firma verfährt, dann steigen ihm sofort Tränen in die Augen. Und was mich anlangt, so hat er oft genug versucht, mir Nägel auf die Fahrbahn zu streuen. Und überhaupt: in dieser Kumpanei ist keine steile Kurve zu nehmen. Vierzehn Jahre, eine lange Zeit. Erst jetzt merke ich, wie sehr ich an diesem verbeulten Vehikel hänge.«

Bevor er endgültig abspringt, setzt er mit seinem letzten Heft, der Doppelnummer 5/6, 1962, noch ein unübersehbares Zeichen des Widerstands und der Selbstbehauptung. Huchel druckt Werner Krauss' Beitrag *Geist und Widergeist der Utopien*, Jean-Paul Sartres *Die Abrüstung der Kultur* und Louis Aragons Kafka-Vortrag. Vor allem aber Brechts *Rede über die Widerstandskraft der Vernunft* von 1936 ist ein Fanal, weil damit Verbindungen zwischen der geistigen Unterdrückung in der Nazizeit und in der DDR gezogen werden. Die Botschaft kommt jedenfalls an. Im Westen wird die Abschiedsausgabe als Geste der Opposition gefeiert, auf dem Parteitag der SED hingegen als »schlimmes Kapitel in der Geschichte der Akademie« gebrandmarkt. Huchel, der bis zuletzt versucht hat, eine kulturelle Brücke von Ost nach West zu schlagen, wird zum Zankapfel, zur Trophäe im Kalten Krieg. Als er im April 1963 den Theodor-Fontane-Preis der West-Berliner Akademie der Künste erhält, wird die Ehrung durch den »Frontstadtsenat« im Osten als »Preis des kalten Krieges« und »Krönung der ganzen Kampagne« aufgefasst, die ihn »im Westen zum Märtyrer des Regimes der DDR« mache. Huchel weigert sich, die Auszeichnung abzulehnen, zumal er nach seiner Kündigung das Preisgeld von zehntausend D-Mark gut brauchen kann. Damit wird er endgültig zum Staatsfeind, zur Unperson. Während man ihm im Westen weitere Preise verleiht, ihn zum Mitglied der Berliner und Münchner Akademien macht, setzen die Machthaber im Osten auf Zermürbung. Schon im Februar 1963 hat Huchel an Arnold Zweig geschrieben: »Unausgesprochenes Reiseverbot, unausgesprochenes Rundfunkverbot, unausgesprochenes Publikationsverbot, schließlich vollständige Isolierung – selbst mein Lektor von S. Fischer, Dr. Klaus Wagenbach, der mich vor einigen Tagen aufsuchen wollte, erhielt diesmal vom Schriftstellerverband keinen Passierschein mehr für Wilhelmshorst.« Er sei auf der »Schutthalde der Zeit« gelandet, teilt

Erzwungener Abschied auf »eigenen Wunsch«. Vorlage der Mitteilung über Peter Huchels Ausscheiden im legendären Abschiedsheft von *Sinn und Form* (H. 5/6, 1962).

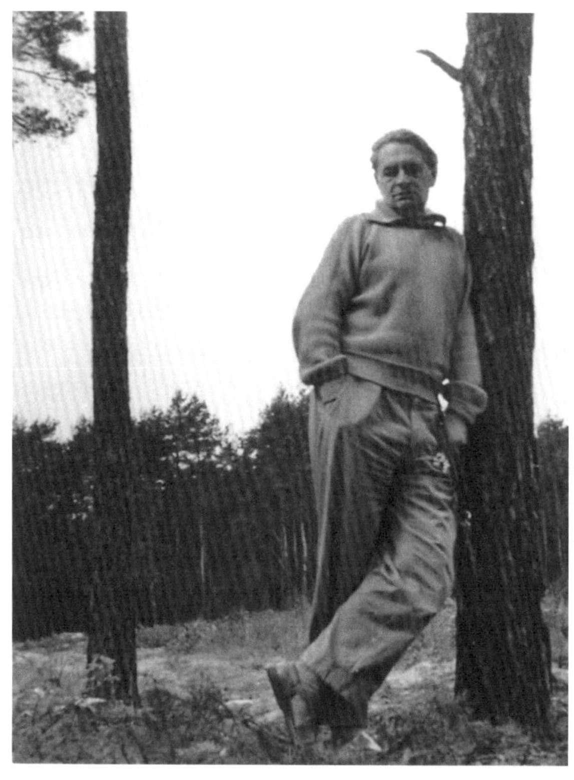

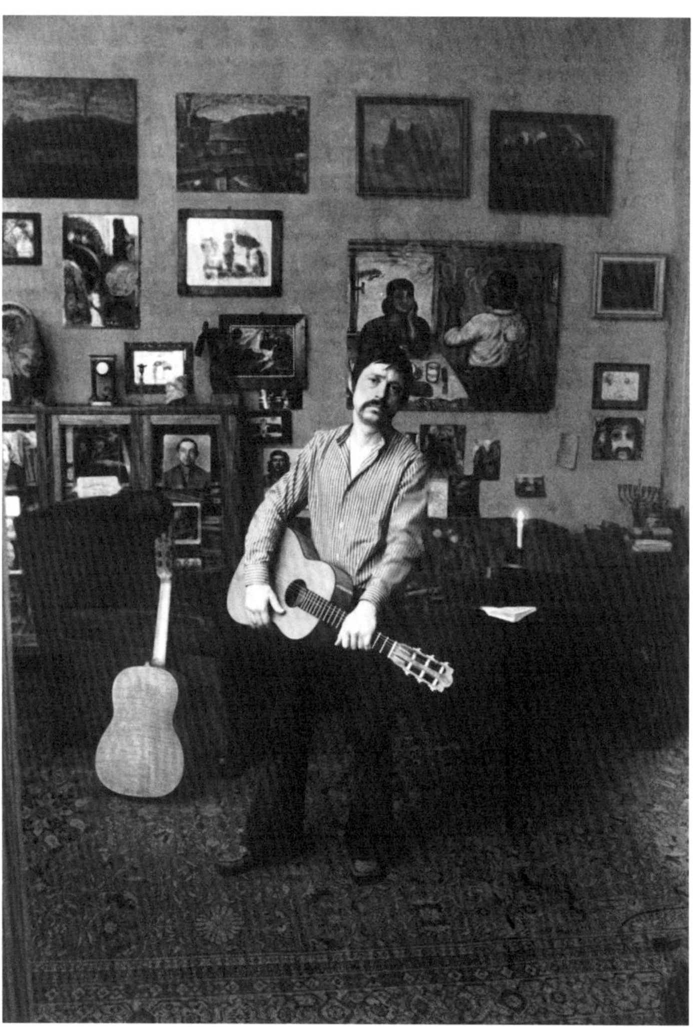

Ermutigung (f. P. Huchel)

W. Biermann

Du, laß dich nicht verhärten
in dieser harten Zeit
die allzu hart sind, brechen
die all zu spitz sind, stechen
und brechen ab sogleich.

Du, laß dich nicht verbittern
in dieser bittern Zeit
die Herrschenden erzittern
sitzt du erst hinter Gittern
doch nicht vor deinem Leid.

Du, laß dich nicht erschrecken
in dieser Schreckenszeit
das wolln sie doch bezwecken
daß wir die Waffen strecken
schon vor dem großen Streit.

Du, laß dich nicht verbrauchen
gebrauche deine Zeit
Du kannst nicht untertauchen
Du brauchst uns, und wir brauchen
grad deine Heiterkeit.

Wir wolln es nicht verschweigen
in dieser Schweigezeit
das Grün bricht aus den Zweigen
wir wolln das allen zeigen
dann wissen sie bescheid.

er kurz darauf Walter Jens mit. Und fragt im April 1963 Günter Eich und Ilse Aichinger in einem Brief: »Was soll ich Ihnen sonst noch schreiben? Eine mächtige Maschine hat mich aufs tote Gleis rangiert, die blockierte Strecke ist abzusehen, hier also wirst du verrosten. Ein Leben ohne Aussicht auf irgendeine Veränderung ist uninteressant.« Die Lage ist trostlos, auch im Jahr darauf: »Seit drei Jahren Reiseverbot und anderes mehr; es ist absurd, brutal und skandalös, doch für diese Eisenkette am Fuß gibt es keinen Schlüssel und keine Feile.«

Und die mächtige Maschine tut alles, um das Verrosten zu beschleunigen. Das *Sinn und Form*-Archiv (mit Manuskripten und Briefen der Autoren, von Thomas Mann bis Bertolt Brecht) wird eines Morgens abgeholt und in einen Gemüseschuppen gekippt, wofür Huchel, vom Dorfpolizisten als »Nuttendichter« beschimpft, die Kosten zu tragen hat. Seine Überwachung läuft unter dem Codenamen »Zersetzer« und betrifft auch die Nachbarn, die Putzfrau, den Kinderarzt und Monica Huchels Kinder aus erster Ehe (der Fotograf Roger Melis ist Huchels Stiefsohn), die ebenfalls operativ bearbeitet werden sollen.

Huchel achtet in dieser Zeit empfindlich darauf, wer von seinen Freunden und Kollegen noch zu ihm hält. Erich Arendt, Henryk Bereska, Uwe Grüning, Jürgen Israel, Walter Janka, Günter Kunert, Reiner Kunze, Karl Mickel und Norbert Randow bleiben ihm treu oder nehmen den Kontakt auf, andere, wie Johannes Bobrowski, bestehen die Prüfung nicht. 1955 hat Huchel Gedichte des unbekannten Kinderbuchlektors in *Sinn und Form* veröffentlicht und gilt seitdem als Entdecker Bobrowskis. Dieser wiederum verehrt Huchel und nennt ihn seinen »Meister«. Im selben Jahr, als Huchel seinen Hut nehmen muss, debütiert Bobrowski auch als Erzähler in *Sinn und Form* und erhält den Preis der Gruppe 47, der ihn im Westen bekanntmacht. Doch als von seinem Telefon aus Christoph Meckel Huchel anruft, lässt Bobrowski sich verleugnen, und bei einer Veranstaltung in der Akademie vermeidet er es, sich auf den freien Platz neben ihn zu setzen. Der »nach diesem bösen Nachmittag« geschriebene Brief, in dem Bobrowski beteuert, dass »es nicht Nachlässigkeit war, wenn ich mich nicht meldete, sondern mein Unvermögen, in derartigen Situationen überhaupt zu reagieren«, macht alles nur schlimmer. Huchel antwortet mit höhnischer Höflichkeit: »Ihr deutlich spürbar gewordenes Nichtvorhandensein in jenen Monaten, Ihr Verhalten beim Meckel-Telefonat oder nach der Akademie-Lesung, wo es Sie weder Zeit noch Mühe gekostet hätte, en passant ein menschlich nobles Wort zu finden, sind von mir, ich möchte es nicht anders ausdrücken,

Natur und Schwermut. Peter Huchel in Wilhelmshorst, wohl um 1962. Foto Roger Melis.

Wolf Biermanns Gedicht »Ermutigung«, das er seinem von der Stasi überwachten Freund Huchel widmet und 1968 in die Gedichtsammlung *Mit Marx- und Engelszungen* aufnimmt. Als Lied veröffentlicht es Biermann zunächst auf der Single »4 neue Lieder«, 1974 dann noch einmal auf der LP *aah-ja!*

Wolf Biermann 1974 in seiner Berliner Wohnung in der Chausseestraße 131. Foto von Roger Melis. Ein weiteres Melis-Foto aus der Session mit Biermann wurde für das Plattencover von *aah-ja!* verwendet.

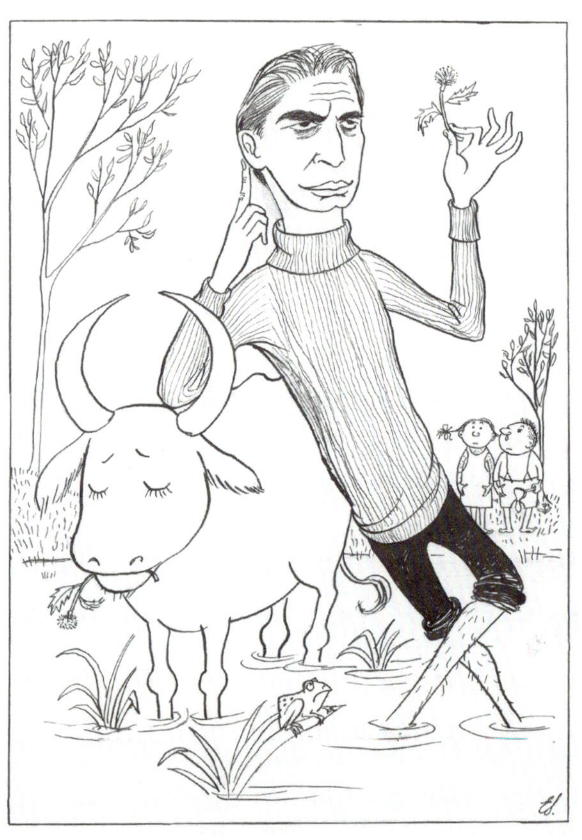

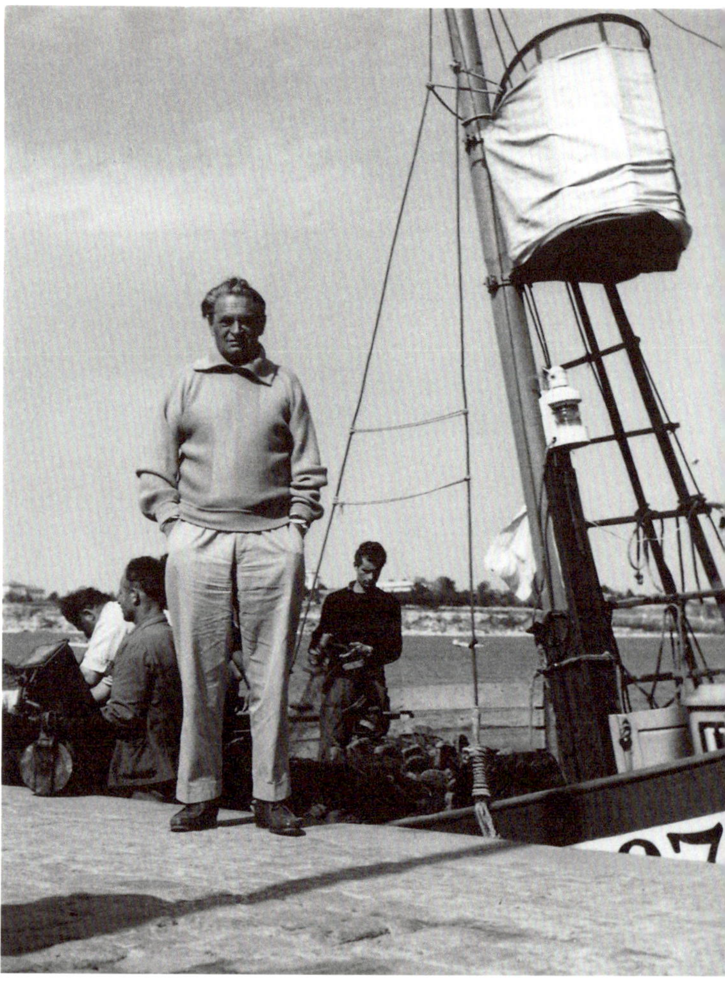

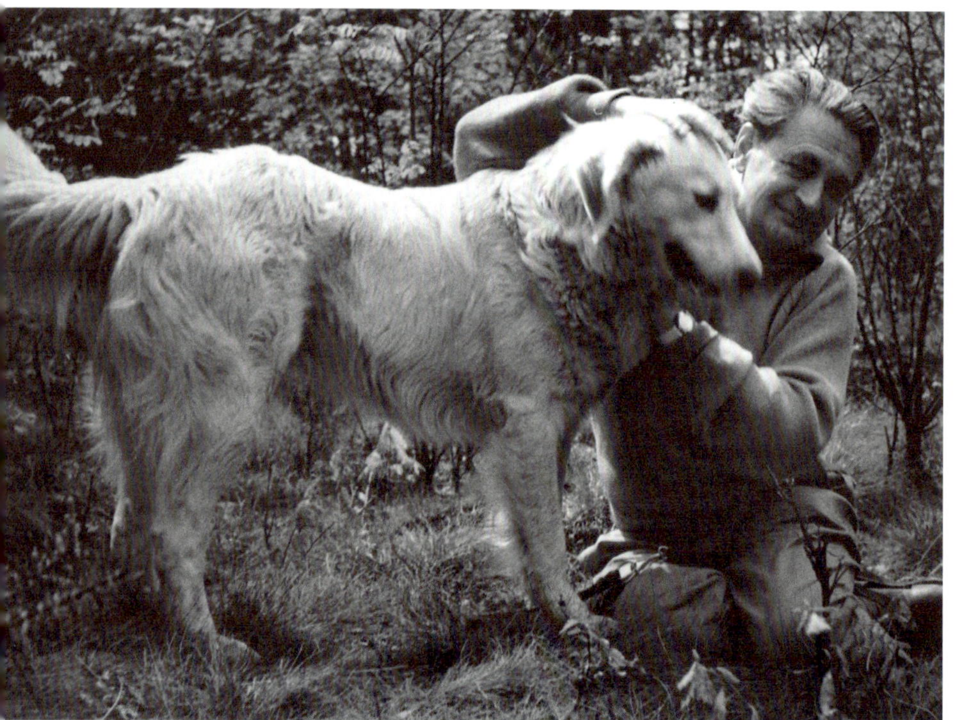

Karikatur Peter Huchels von Elizabeth Shaw. Aus einer Serie von Schriftstellerporträts, entstanden zwischen 1950 und 1960.

Peter Huchel 1961 während seiner Bulgarienreise mit Erich Arendt.

Der Liebhaber der Katzen und Hunde. Peter Huchel etwa 1962 in Wilhelmshorst. Aufnahme von Roger Melis.

durchaus bemerkt worden. Doch es erübrigt sich wohl, darüber noch Worte zu verlieren, nachdem Sie mir in Ihrem Brief eindringlich klar gemacht haben, dass Sie, einfach Ihrer Natur nach, zu solchem nicht fähig sind.«

Die Einsamkeit, die ohnehin zu Huchels Wesen gehört, wird immer mehr zur Vereinsamung, verstärkt den Hang zu Schwermut und Resignation. »Ich bette mich ein / in die eisige Mulde meiner Jahre. / Ich spalte Holz, / das zähe splittrige Holz der Einsamkeit.« So steht es im Gedicht »April 63«, das die Querelen um die verweigerte Ablehnung des Fontane-Preises verarbeitet. Die eisige Mulde der Jahre wirft ihn zurück auf sich selbst, auf das, was ihn von früh an beschäftigt und umtreibt: Dichtung, Sprache, Klang. Darauf, mit Gedichten auf alles Erlebte zu reagieren.

In seinem Dankesbrief zum Fontane-Preis erinnerte sich Huchel an die Selbstanzeige seines 1933 zurückgezogenen Gedichtbandes, in einer »Zeit also, da nichts mehr sicher war, da der Boden zu schwanken begann, jede dichterische Existenz fragwürdig wurde und die Absicht, eine Poesie zu schreiben, die kein anderes Thema haben sollte als sich selbst, noch fragwürdiger«. Damals habe man gesehen, dass auch »der große Hof des Gedächtnisses, daselbst Himmel, Erde und Meer gegenwärtig sind«, vernichtet und ausgelöscht werden könne: »Vor diesem tödlichen Hintergrund bleibt es ein Wagnis, allein mit der Sprache das Leben unverwundbar machen zu wollen. Aber es scheint doch jedem, der schreibt, der unüberwindliche Drang innezuwohnen, das rettende Wort zu finden.« Der Drang, sich an das rettende Wort zu klammern, wird für Huchel in dieser Zeit stärker denn je. 1963 erscheint der Band *Chausseen, Chausseen* mit den seit 1949 entstandenen Gedichten bei S. Fischer, 1967 folgt *Die Sternenreuse* mit der frühen Lyrik im Piper Verlag. Jedes Angebot, in der DDR ein Buch herauszubringen, lehnt Huchel ab, nur hin und wieder erlaubt er jungen Verehrern, einzelne Gedichte in Zeitschriften oder Anthologien zu veröffentlichen.

Viele seiner Gedichte sind seit dem Krieg kürzer und zeichenhafter geworden, haben sich vom Reim gelöst, verknappen Sprache und Bilder, drängen Aussage und Mitteilung zurück. *Chausseen, Chausseen* enthält einige seiner bekanntesten und stärksten Gedichte, entstanden in der Zeit der sich zuspitzenden Auseinandersetzungen, zum Teil noch im Abschiedsheft von *Sinn und Form* veröffentlicht:

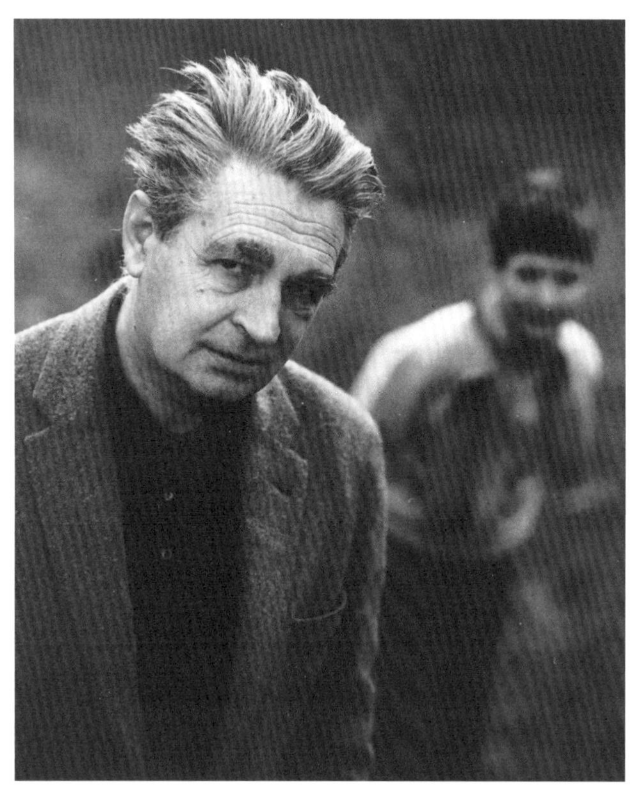

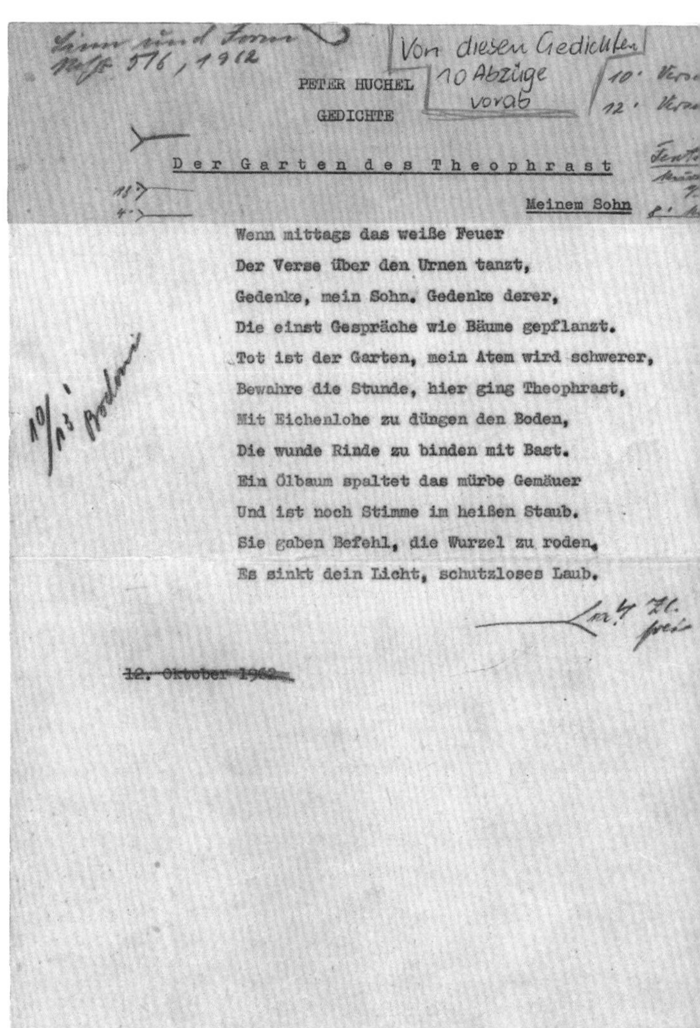

Von diesen Gedichten 10 Abzüge vorab

PETER HUCHEL

GEDICHTE

Der Garten des Theophrast

Meinem Sohn

Wenn mittags das weiße Feuer
Der Verse über den Urnen tanzt,
Gedenke, mein Sohn. Gedenke derer,
Die einst Gespräche wie Bäume gepflanzt.
Tot ist der Garten, mein Atem wird schwerer,
Bewahre die Stunde, hier ging Theophrast,
Mit Eichenlohe zu düngen den Boden,
Die wunde Rinde zu binden mit Bast.
Ein Ölbaum spaltet das mürbe Gemäuer
Und ist noch Stimme im heißen Staub.
Sie gaben Befehl, die Wurzel zu roden.
Es sinkt dein Licht, schutzloses Laub.

~~12. Oktober 1962~~

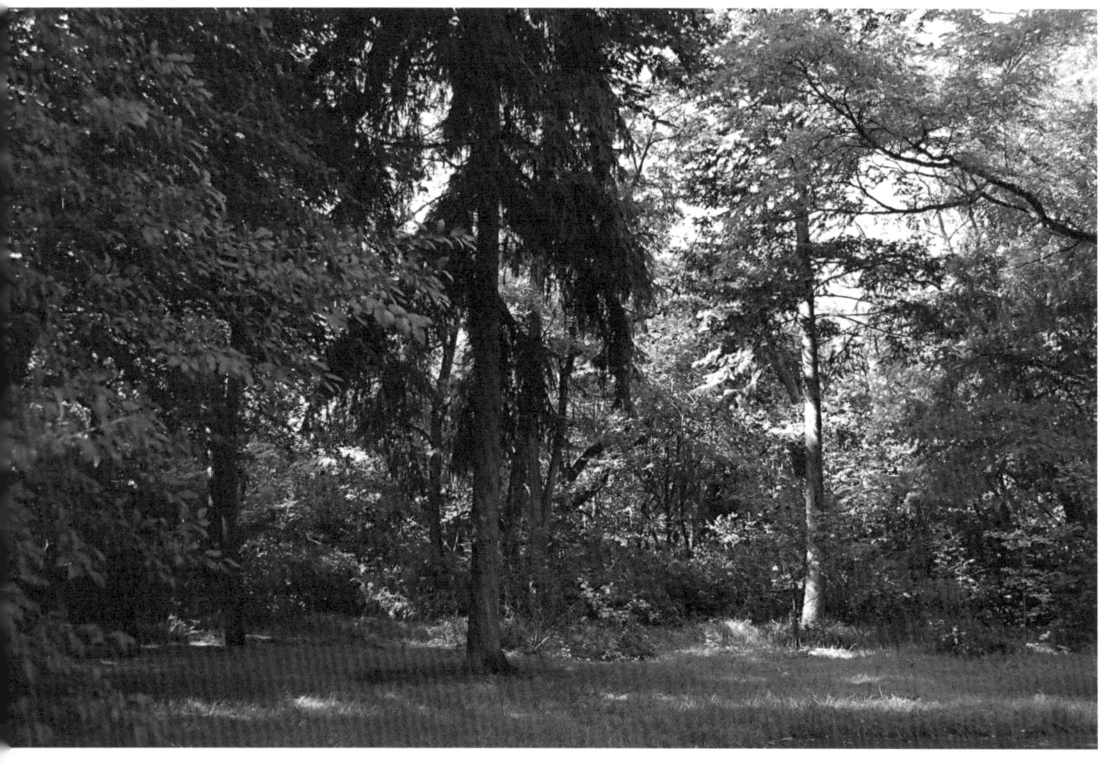

»Traum im Tellereisen

Gefangen bist du, Traum
Dein Knöchel brennt,
Zerschlagen im Tellereisen.

Wind blättert
Ein Stück Rinde auf.
Eröffnet ist
Das Testament gestürzter Tannen,
Geschrieben in regengrauer Geduld
Unauslöschlich
Ihr letztes Vermächtnis –
Das Schweigen.

Der Hagel meißelt
Die Grabschrift auf die schwarze Glätte
Der Wasserlache.«

Über das letzte Gedicht sagt Huchel später in einem Gespräch: »Der Traum im Tellereisen war mein Schicksal. Ein politisches Gedicht, es könnte genauso stehn: ›Gefangen bist du, Seele, gefangen bist du, Mensch‹.« Die Texte, in denen er die Umstände seiner Gefangenschaft noch konkreter schildert, noch deutlicher benennt, kann er zu dieser Zeit nicht veröffentlichen.

Er führt eine Art poetisches Tagebuch, wie im Gedicht »Hubertusweg«, in dem das lyrische Ich, in Umkehrung der tatsächlichen Situation, in Versen protokolliert, wie sein Leben im Auftrag des Staates beobachtet, jeder Schritt notiert, jeder Besucher vom Nachbarn aufgeschrieben wird:

»Hubertusweg

Märzmitternacht, sagte der Gärtner,
wir kamen vom Bahnhof
und sahen das Schlußlicht des späten Zuges
im Nebel erlöschen. Einer ging hinter uns,
wir sprachen vom Wetter.
Der Wind wirft Regen
aufs Eis der Teiche,
langsam dreht sich das Jahr ins Licht.

Peter Huchel mit seinem Sohn Stephan in Wilhelmshorst, wohl um 1962. Foto von Roger Melis.

»Der Garten des Theophrast«. Vorlage für den Abdruck des Gedichts in Huchels Abschiedsheft.

»Der Garten: im Grunde eine mit Waldgras bewachsene Lichtung, hoch umstanden und halb überdacht vom Kieferngewölbe.« (Lutz Seiler, seit 1997 Leiter des Huchel-Hauses in Wilhelmshorst). Aufnahme von Peter Walther.

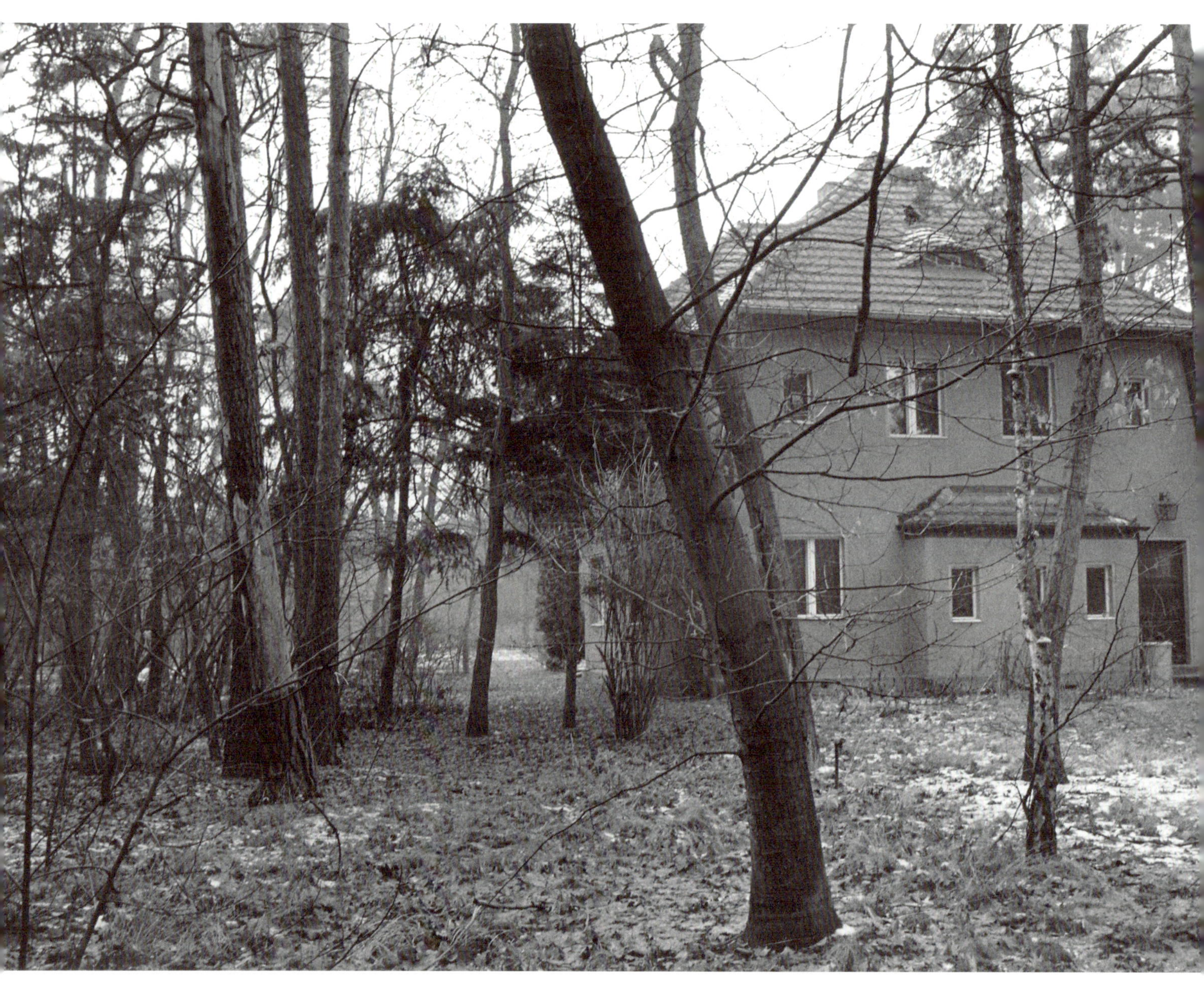

»Willkommen sind Gäste, / die Unkraut lieben, / die nicht scheuen den Steinpfad, / vom Gras überwachsen. / Es kommen keine.« (»Unkraut«, in: *Gezählte Tage*, 1972). Peter Huchels Wohnhaus im Hubertusweg 43/45. Foto von Roger Melis.

Und in der Nacht
das Sausen in den Schlüssellöchern.
Die Wut des Halms
zerreißt die Erde.
Und gegen Morgen wühlt
das Licht das Dunkel auf.
Die Kiefern harken Nebel von den Fenstern.

Dort unten steht,
armselig wie abgestandener Tabakrauch,
mein Nachbar, mein Schatten
auf der Spur meiner Füße, verlass ich das Haus.
Mißmutig gähnend
im stäubenden Regen der kahlen Bäume
bastelt er heute am rostigen Maschendraht.
Was fällt für ihn ab, schreibt er die Fahndung
ins blaue Oktavheft, die Autonummern meiner Freunde,
die leicht verwundbare Straße belauernd,
die Konterbande,
verbotene Bücher,
Brosamen für die Eingeweide,
versteckt im Mantelfutter.
Ein schwaches Feuer nähre mit einem Ast.

Ich bin nicht gekommen,
das Dunkel aufzuwühlen.
Nicht streuen will ich vor die Schwelle
die Asche meiner Verse,
den Eintritt böser Geister zu bannen.

An diesem Morgen
mit nassem Nebel
auf sächsisch-preußischer Montur,
verlöschenden Lampen an der Grenze,
der Staat die Hacke,
das Volk die Distel,
steig ich wie immer
die altersschwache Treppe hinunter.

Vor der Keilschrift von Ras Schamra
seh ich im Zimmer meinen Sohn

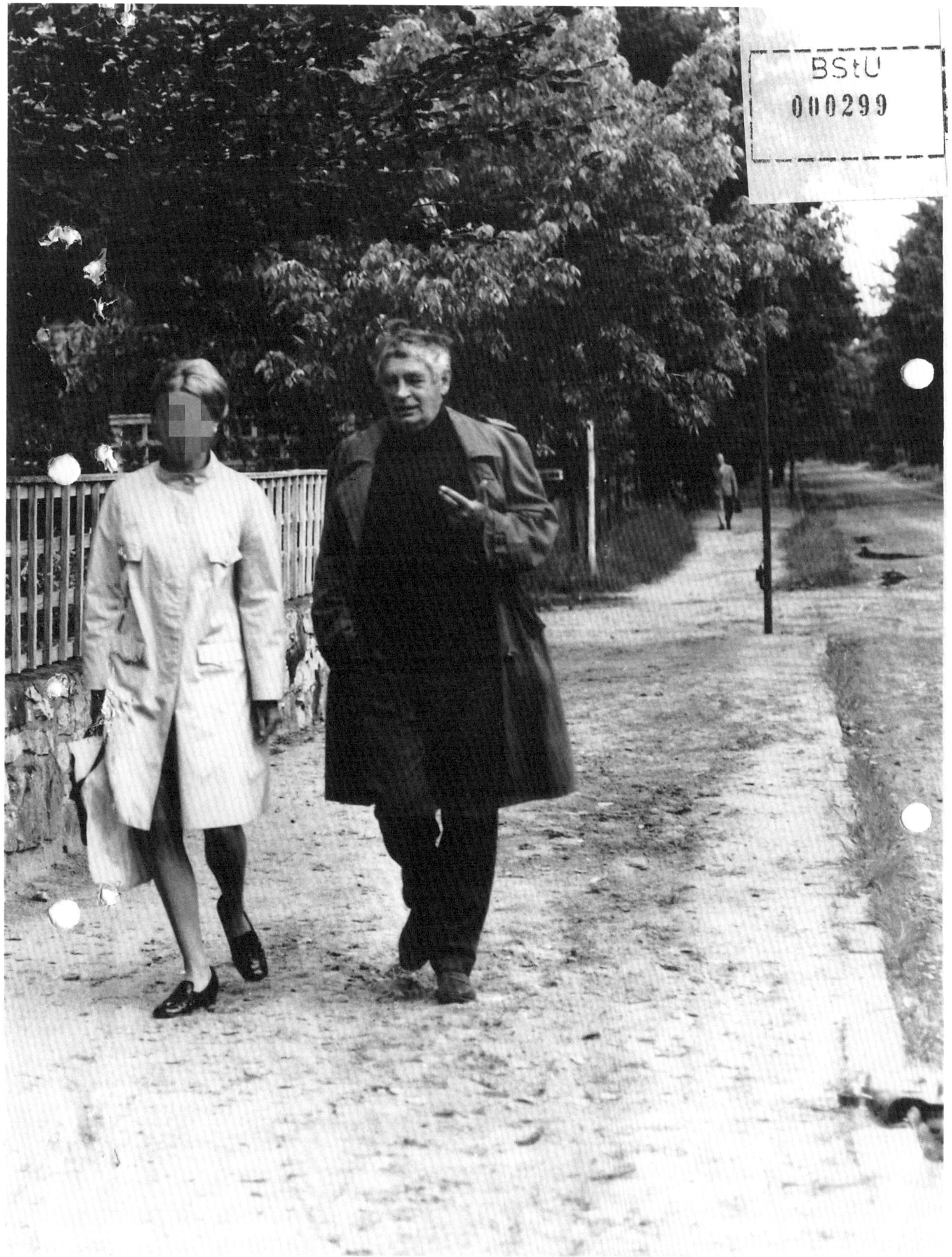
BStU
000299

den ugaritischen Text entziffern,
die Umklammerung
von Traum und Leben,
den friedlichen Feldzug des Königs Keret.
Am siebenten Tag,
wie IL der Gott verkündet,
kam heiße Luft und trank die Brunnen aus,
die Hunde heulten,
die Esel schrieen laut vor Durst.
Und ohne Sturmbock ergab sich eine Stadt.«

Wenn Huchel die altersschwache Treppe seines Hauses hinabsteigt, kann er im Erdgeschoss seinen Sohn Stephan sitzen sehen, der, obwohl naturwissenschaftlich begabt, nicht Biologie studieren darf und auf Theologie ausgewichen ist, Hebräisch und Akkadisch lernt. König Keret aus dem Reich Ras Schamra kennt der Dichter aus den Übersetzungsübungen seines Sohnes. Keret, eine Hiobsgestalt, hat alles verloren, doch nach seinen Klagen erscheint ihm Gott Il und verspricht ihm ein langes Leben, viele Nachkommen und die Einnahme der Stadt Udm. Vielleicht ist noch nicht alles vorbei, vielleicht gibt es noch einen Ausweg, vielleicht kann man der Hacke des Staates und seinen Kreaturen noch entkommen. So die Botschaft aus uralten Zeiten.

Peter Huchel, wahrscheinlich mit Eva-Maria Hagen. Verdeckt aufgenommenes Foto aus den Akten der ehemaligen Staatssicherheit der DDR.

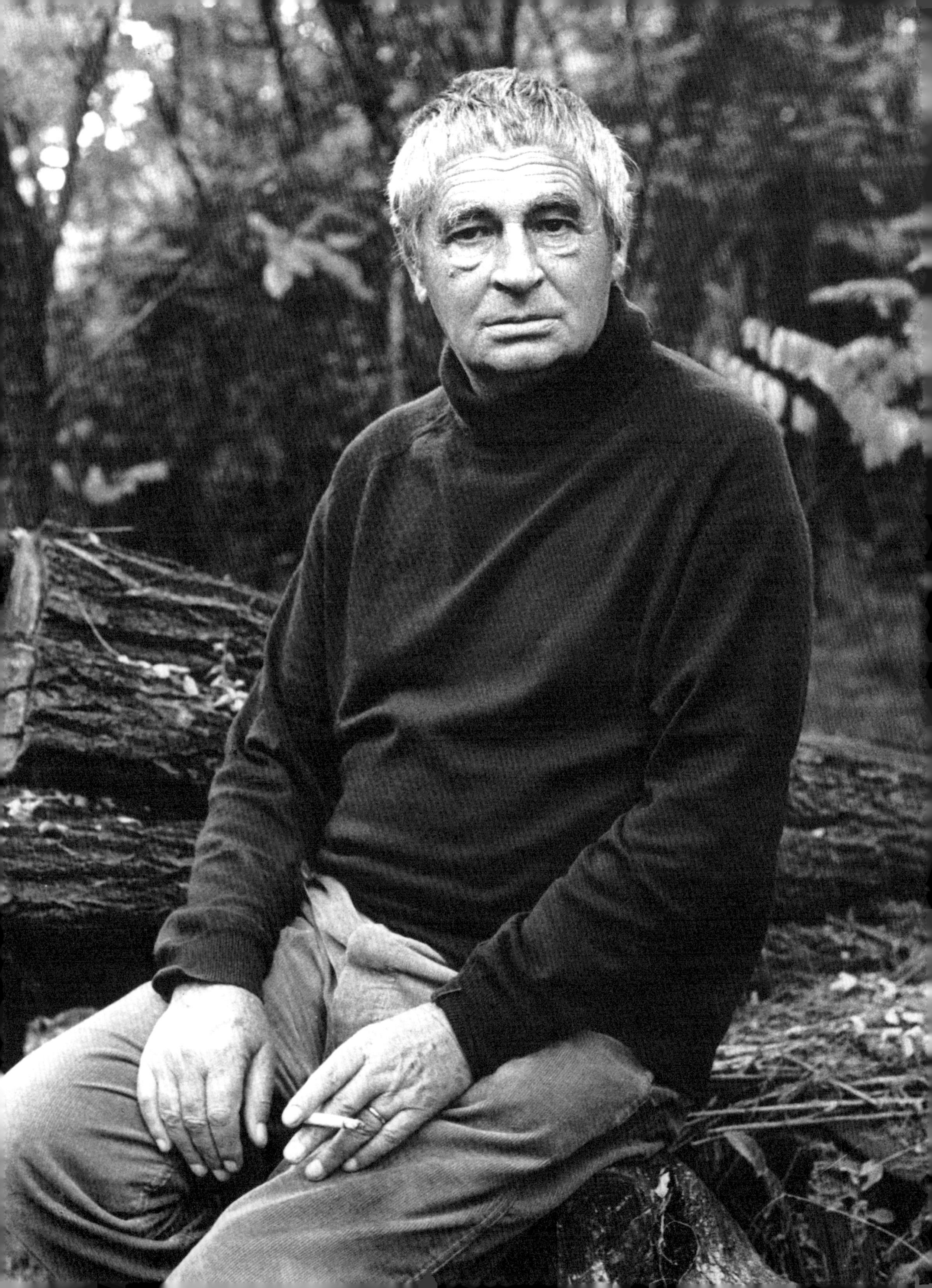

»Unbekümmert geht der Fremde davon«

Ein Mensch, der auf sein spätes Alter zugeht, trägt einen großen Packen mit sich, seine Erlebnisse, seine Erfahrungen, seine Niederlagen, und je älter er wird, desto mehr weiß er, daß die Vergangenheit mit der Gegenwart und der Zukunft ein untrennbares Ganzes bildet. Gerade die Erlebnisse der Kindheit, etwa vom fünften bis zum zehnten Lebensjahr, sind es, die später einmal einen entscheidenden Einfluß nehmen. Noch heute spüre und rieche ich die Kälte der verharschten Wiesen am Langerwischer Mittelgraben, wenn ich daran denke, wie mich mein Großvater nachts aus dem Bett holte, um wenigstens die paar dünnen Erlen abzusägen, die auf dem verlorenen Streifen standen.«

Einundsiebzig Jahre alt ist Peter Huchel, als er sich mit diesem Lebensrückblick für den Literaturpreis der deutschen Freimaurer bedankt. Und alt fühlt er sich auch. Sein Dasein hat sich gerundet, die letzte Etappe ist da – und die erste wieder so nah wie einst. Dabei ist die Landschaft der Kindheit inzwischen unerreichbar für ihn. 1971, nach wiederholten Bemühungen von Freunden, Kollegen und Akademien, zuletzt durch einen an Walter Ulbricht gerichteten und in der *Times* veröffentlichten Appell des Internationalen PEN, dürfen Huchel, seine Frau und sein Sohn endlich ausreisen. Aber in Westdeutschland will er zunächst nicht bleiben, also geht es über München nach Italien, zuerst nach Venedig und dann, für fast ein Jahr, an die Villa Massimo nach Rom. Der Weg in die Freiheit könnte ein letzter Aufbruch sein. Doch für Huchel ist es ein Abschluss. Die Jahre der Isolation haben seine Kräfte aufgebraucht, statt froher Zukunftserwartungen erfüllen ihn Trauer und Resignation.

»Am Tage meines Fortgehens« heißt ein wenig später geschriebenes Gedicht: »Gealtert / geht das Jahr / mit stumpfer Axt, ein Tagelöhner, / auf den Spuren des Dachses / über die Hügel davon.« Er weiß,

Huchel 1969 in Wilhelmshorst, fotografiert von Roger Melis.

Günter Grass im Oktober 1972 zu Besuch bei Peter Huchel in Staufen. Grass hatte am 24. Oktober 1972 an einer SPD-Wahlkundgebung auf dem Freiburger Münsterplatz teilgenommen und versucht, Huchel für den Wahlkampf zu gewinnen.

»Er lud mich ein, zu ihm zu kommen, wenn ich Rat brauche. Der Rat lag in seiner Person, seiner Aufrichtigkeit und Unabhängigkeit. Ich habe ihn in Rom zu wenig, dann in Staufen dreimal besucht, auch ohne ausdrücklich Rat zu holen. Den Rat finde ich heute in seinen Gedichten.« (Friedrich Christian Delius: *Über Peter Huchel*, 1996). Villa Massimo, Rom. Aufnahme von Lothar Schaack, April 1972.

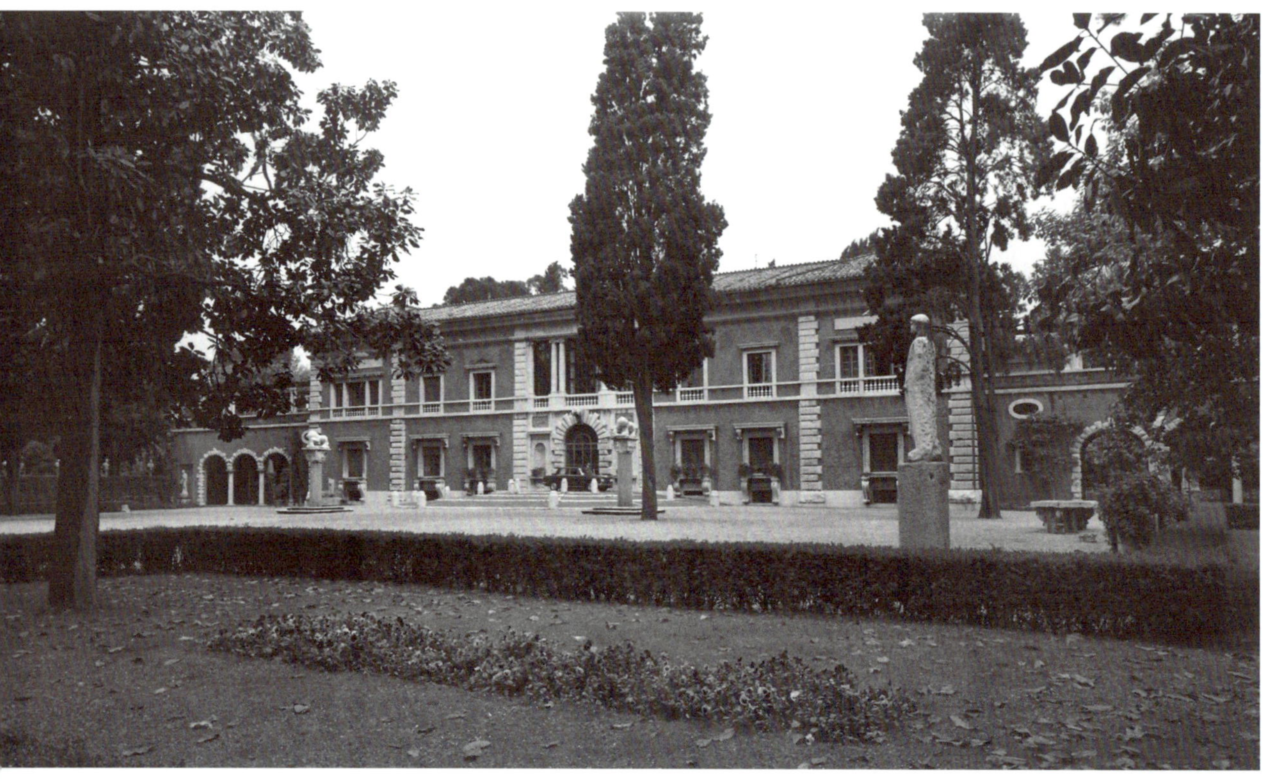

dass er dort, wo es nun hingeht, keine Wurzeln mehr schlagen wird. Ihm fehlen die wendischen Weiber, bekennt er in einem Gespräch, die »Weidenmütter« der märkischen Wiesen, in denen sich das matriarchale Sehnsuchtsbild der Kindheitslandschaft mit dem Todessymbol des Weidenbaums verbindet:

»Ölbaum und Weide

Im schroffen Anstieg brüchiger Terrassen
dort oben der Ölbaum.
Am Mauerrand der Geist der Steine.
Noch immer die leichte Brandung
von grauem Silber in der Luft,
wenn der Wind die blasse Unterseite des Laubs
nach oben kehrt.

Der Abend wirft sein Fangnetz ins Gezweig.
Die Urne aus Licht versinkt im Meer.
Es ankern Schatten in der Bucht.
Sie kommen wieder,
verschwimmend im Nebel,
durchtränkt vom Schilfdunst märkischer Wiesen,
die wendischen Weidenmütter,
die warzigen Alten mit klaffender Brust
am Rand der Teiche,
der dunkeläugig verschlossenen Wasser,
die Füße in die Erde grabend,
die mein Gedächtnis ist.«

Und selbst in der noch von früheren Reisen bekannten Märchenstadt Venedig schimmert das leuchtende Gold des Markuslöwen hinter dichtem, wie von märkischen Wiesen aufsteigendem Dunst, während vom steinernen Laubwerk der Palazzi Regenwasser tropft:

»Venedig im Regen

Noch im Nebel
leuchtet das Gold des Löwen,
das steinerne Laubwerk tropft.
Namen, meergeboren,
wer schrieb sie ins salzige Licht?
Keiner nennt

die große Geduld
der Pfähle.

Auf die Fähre
wartend im Regen,
der Poren
ins Wasser schlägt,
blick ich hinüber
zu den rostigen Schiffen
der Giudecca.

Die Seekarten schweigen.
Es schweigt
die Muschel
am Nacken des Steins.«

Auch in diesem Gedicht schärft die Schwermut den Blick, lässt ihn hinweggleiten über die so offenkundige Herrlichkeit, lenkt die Gedanken hinab zu den hölzernen Fundamenten, die alles tragen und ertragen und deren »große Geduld« doch keiner nennt – oder »rühmt«, wie es in einer früheren Fassung heißt: »Dort unten im Wasser / Die Muschel / Am Nacken des Steins, / Spürt sie die schlammerstickten Stämme leben / Unter der Last der Schönheit?« Das bewunderte Venedig der meergeborenen Namen ruht auf zurechtgehauenen, ins feuchte Erdreich gerammten Pflöcken, auf unterworfener Natur. Wer das verstanden hat, weiß um das im toten Holz nachdämmernde Leben, sieht das in Stein erblühende Laubwerk, den in glänzendes Metall eingeschlossenen Löwen. Und er kann auf der Oberfläche des Wassers die Poren der Haut erkennen. Der Mann im Regen sieht in der Ferne verrottende Schiffe in heruntergekommenen Werften, ein Sinnbild des Kreislaufs von Schönheit und Verfall.

Die Sehnsucht nach den Kiefernwäldern, Äckern und Seen, aber auch nach den zurückgelassenen Freunden begleitet Huchel und seine Frau bis in die Ewige Stadt: »Venedig und Rom haben uns ein wenig umgeworfen«, schreibt er im Mai 1971 an Clemens Graf Podewils. Treffen jedoch Briefe wie von Walter und Charlotte Janka ein, die an nun nicht mehr mögliche Begegnungen erinnern, verblasst mit einem Mal die Heiterkeit des italienischen Sommers: »Ihr könnt Euch nicht vorstellen, wie dann das Heimweh an mir nagt, dann ist alles vergessen, die römische Terrasse, auf der wir jetzt sitzen, die Autofahrten mit sehr lieben, sehr jungen netten Leuten […] ans Meer.

Wir baden dort fast jeden Tag, fühlen uns gut, hören nur Italienisch sprechen, italienische Bambini schreien – aber abends ...«

In Italien kann die Familie letztlich nicht bleiben, das Leben ist teuer, es fehlt an Verdienstmöglichkeiten – und Sohn Stephan will in Freiburg studieren. Ganz in der Nähe, in Staufen, stellt ein Mäzen ein Haus zur Verfügung, mit Swimmingpool und Ausblick. Aber Huchel will nicht mehr in Abhängigkeit leben, will niemandem etwas schuldig sein. Das kleine, barackenartige Häuschen, das er einige Zeit später kauft, wird zum Refugium der letzten Jahre. Zur Ruhe kommt er dort nicht. Immer wieder geht er auf Reisen, um Ehrungen und Preise entgegenzunehmen, seine Gedichte vorzutragen und Anekdoten aus seinem Leben zu erzählen. Nach den Jahren des Eingesperrtseins scheint sein Bewegungsdrang ihn mitzureißen, ein Reisender auf der Flucht. Auch die Ansprüche, die Erwartungen setzen ihm zu. Dass sein langjähriger Briefpartner Günter Grass ihn fünf Tage nach der Ankunft in Staufen für den Wahlkampf der SPD einspannen will, macht ihn fassungslos: Er schulde dieser Partei nichts, habe mit der Politik im Westen nichts zu tun, man solle ihn in Ruhe lassen. Und auch die von seinem Verleger Siegfried Unseld eingeforderte Autobiographie, die Abrechnung mit dem Unrechtsstaat, schiebt er immer wieder auf. An der nun ungebrochenen Aufmerksamkeit für sich und sein Werk – kaum ein Preis, der ihm nicht verliehen wird, kaum eine Akademie, die ihn nicht einlädt – hat er keine Freude mehr. Er zieht sich hinter seine Fassade des Grand Old Man zurück, richtet den Blick nach innen, kultiviert seine Schweigsamkeit und Melancholie. In seinen Erinnerungen an den Dichter schreibt Christoph Meckel über eine Begegnung in London: »Peter Huchel war deprimiert und er war erschöpft, die Erschöpfung war schwer und alt in ihm. Er hatte mir manches von sich erzählt, die Zeit schien vorbei, er sprach nicht viel. Ich traf ihn spät nachts im Foyer des Hotels, er saß im Sessel, allein im halbdunklen Raum. Ich sah ihn oft in Sesseln sitzen, in Chaisen lagern, er war ein begnadeter Sesselbewohner, gern in Bequemlichkeit allein gelassen, begabt mit Ruhe und Schweigsamkeit.« Auch die Freunde dringen dann nicht mehr zu ihm vor, und er hat viele. Aber wer konnte schon behaupten, wirklich mit Huchel befreundet zu sein?

Mit dem großen, dem vielleicht einzigen Freund, Hans Arno Joachim, war er 1925 von Staufen, dem späteren Wohnort, aus nach Sulzburg gewandert, um den alten jüdischen Friedhof zu besuchen. 1973, fast fünfzig Jahre später, macht er sich noch einmal auf den Weg, doch

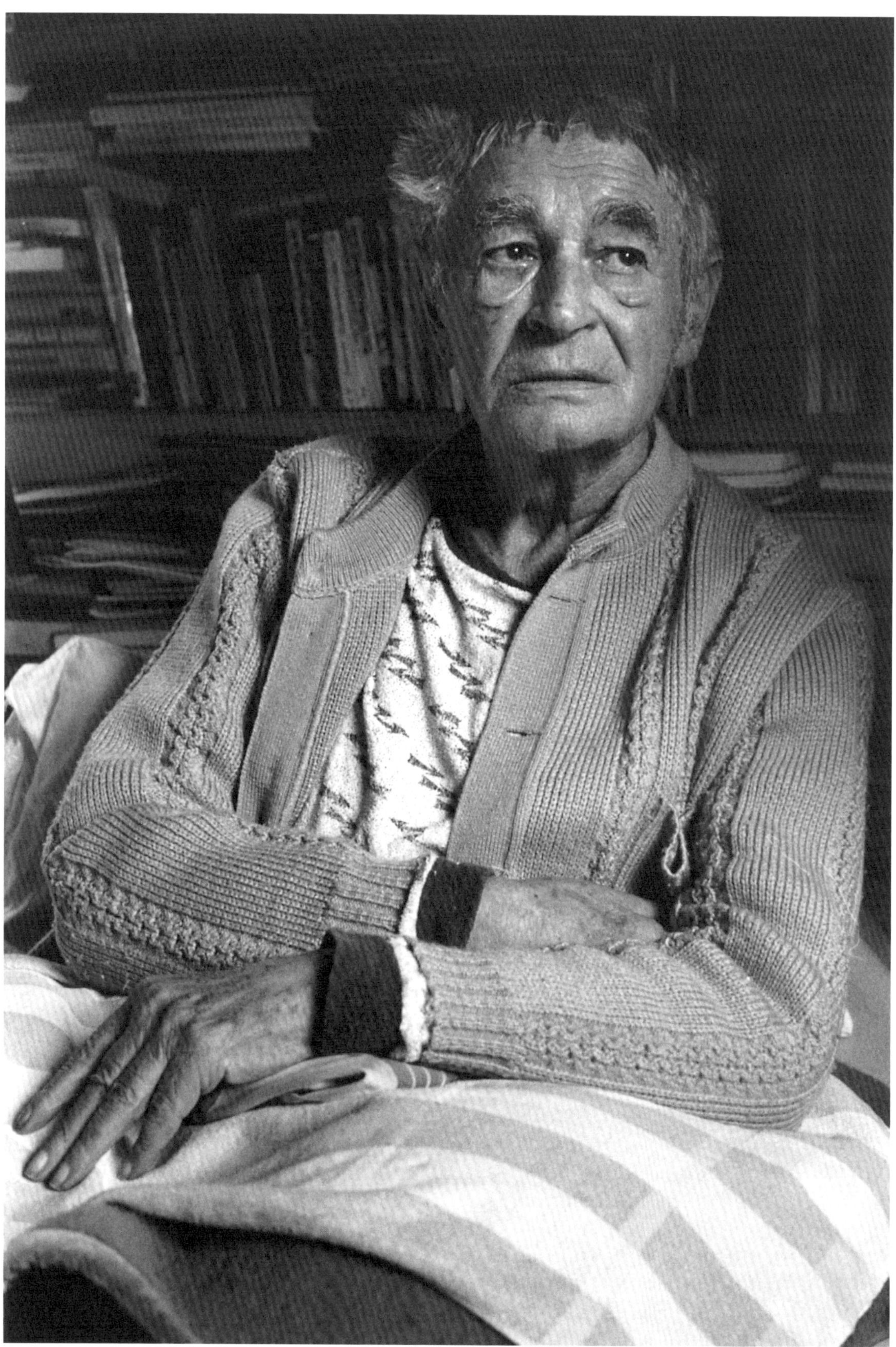

statt nostalgischer Gefühle beschleicht ihn Unbehagen, das unbeschwerte Urlaubsleben auf einem nahegelegenen Campingplatz, der »ordinäre Luxus unserer Tage« neben der Ruhestätte der toten Juden wird zum Sinnbild einer für immer untergegangenen Welt, die den Nachgeborenen fremd geworden ist: »Dieser Friedhof, umzingelt vom Leben der Wohnwagenbesitzer, hatte etwas Archaisches, die Absolutheit des Todes herrschte hier, Hast, Angst und Hoffnung waren vermodert, der Untergang existierte für die Toten nicht mehr.«

In Peter Huchels letzten beiden Gedichtbänden ist es ständig Winter, werden Tod und Untergang zu den bestimmenden Themen – im 1972 erschienenen *Gezählte Tage* wie in *Die neunte Stunde* von 1979, in dem das Motiv der Gottesferne mit Jesus' Klage am Kreuz schon im Titel anklingt. Die drängendsten Bitten und Fragen bleiben ohne Antwort, die Zeichen der Natur rätselhaft: »Unter der blanken Hacke des Mondes / werde ich sterben, / ohne das Alphabet der Blitze / gelernt zu haben.« Was bleibt, ist Schweigen und Resignation, ist Untätigkeit und Dämmern, wie es Huchel von seinen geliebten Katzen gelernt hat. Und eine Lakonie des Abschieds, die mit letzter Souveränität Bilanz zu ziehen versteht:

»Der Fremde geht davon
und hat den Stempel
aus Regen und Moos
noch rasch der Mauer aufgedrückt.
Eine Haselnuß im Geröll
blickt ihm mit weißem Auge nach.

Jahreszeiten, Mißgeschicke, Nekrologe –
unbekümmert geht der Fremde davon.«

1981, zwei Jahre, nachdem sein letzter Gedichtband mit diesen Versen endete, ist Peter Huchel in Staufen gestorben.

Peter Huchel 1980 in Staufen im Breisgau,
aufgenommen von Roger Melis.

Zeittafel zu Peter Huchels Leben und Werk

1903 Helmut Peter Huchel kommt am 3. April in Groß-Lichterfelde bei Berlin zur Welt, als Sohn des Ehepaars Friedrich und Marie Huchel (geb. Zimmermann). Ein älterer Bruder (Friedrich).

1907 Da die Mutter an einer Lungenkrankheit leidet, verbringt Huchel längere Zeit bei den Großeltern in Alt-Langerwisch, wo die Magd Anna sich um ihn kümmert.

1909 Besuch der Volksschule in Berlin-Steglitz.

1913 Besuch der Oberrealschule in Steglitz. Der Großvater stirbt.

1915 Besuch der Städtischen Oberrealschule Potsdam, wahrscheinlich auch der Langerwischer Schule.

1916/17 Die Eltern ziehen nach Potsdam um.

1917 Tod des Bruders im Krieg.

1919 Der Hof der Großeltern wird verkauft.

1920 Huchel nimmt am Kapp-Putsch teil, wird auf einer Demonstration durch Schüsse verwundet und kommt ins Krankenhaus. Lernt dort sozialistische Arbeiter kennen, liest den Weltkriegsroman *Das Feuer* von Henri Barbusse.

1923 Huchel legt, trotz versäumten Unterrichts, das Abitur an der Städtischen Oberrealschule Potsdam ab.

1923–1925 Literatur- und Philosophiestudium in Berlin, wo Huchel etliche Freundschaften schließt, u. a. mit Karola (Bloch-)Piotrkowska und Ludwig Meidner. Er verkehrt im Kreis von Oskar Goldberg und beschäftigt sich mit christlicher und jüdischer Mystik und mit Johann Jakob Bachofens *Mutterrecht*.

1924 Veröffentlichung erster Gedichte.

1925 Von Mai bis Juni studiert Huchel in Freiburg, lernt durch seinen Freund Alfred Kantorowicz Hans Arno Joachim kennen, der seine Gedichte redigiert und an Zeitungen sendet.

1925/26 Huchel studiert in Wien, wo er auch seine spätere Frau Dora Lassel aus Kronstadt in Siebenbürgen kennenlernt. Häufige Theaterbesuche, Lektüre von Georg Trakl, Robert Musil, Hugo von Hofmannsthal, Alexander Lernet-Holenia.

1926/27 Abschluss des Studiums in Berlin.

1927–1929 Huchel lebt in Paris (ab 1928 mit Alfred Kantorowicz und Hans Arno Joachim), in der Bretagne und in Südfrankreich, hält sich mit Gelegenheitsarbeiten (u. a. Übersetzungen für die *Vossische Zeitung*) und dank kleinerer Zuwendungen der Mutter über Wasser. Lernt Cheng Cheng, Tsuguharu Foujita, Günther Stern (Anders), Yvan und Claire Goll kennen.

1930 Heirat mit Dora Lassel, gemeinsame Wohnung in Berlin (Bülowplatz), Reisen nach Siebenbürgen und in die Türkei. Huchel wird Mitarbeiter der *Literarischen Welt*, veröffentlicht Gedichte und Prosa, freundet sich mit dem Herausgeber Willy Haas und dem Kollegen Rolf Italiaander an.

1931 Umzug in die Künstlerkolonie am Laubenheimer Platz, wo u. a. Kantorowicz, Eberhard Meckel und Ernst Bloch wohnen.

1931/32 Huchel freundet sich mit Horst Lange, Oda Schaefer und Elisabeth Langgässer an. Lyrikpreis der *Kolonne*. Im Dresdner Jess-Verlag soll ein Band mit Gedichten Huchels erscheinen.

1933 Die SA führt in der Künstlerkolonie Razzien durch, etliche Freunde gehen ins Exil. Huchel zieht den Band *Der Knabenteich* zurück und reist nach Kronstadt.

1934 Rückkehr nach Michendorf bei Alt-Langerwisch. Huchel hat Kontakte zum Kreis um Victor Otto Stomps (*Der weiße Rabe*). In den folgenden Jahren (bis 1940) vor allem Hörspiele und Bearbeitungen für den Rundfunk, von denen 19 gesendet werden. Nur noch wenige Gedichtveröffentlichungen.

1935 Freundschaft mit Günter Eich, Werner Bergengruen und Raimund Pretzel (Sebastian Haffner). Die Tochter Susanne wird geboren.

1939 Huchels Hörspiel *Margarethe Minde* wird im Rundfunk gesendet. Eine Reise nach Kronstadt bricht er wegen des Kriegsausbruchs ab. Tod der Großmutter.

1940 Arbeit bei der UFA und beim Rundfunk, zunehmende finanzielle Schwierigkeiten.

1941–1945 Soldat in einem Nachrichtenregiment (Flugmeldedienst). Freundschaft mit Wolfgang Weyrauch und Günther Birkenfeld. Ausbildung in Ludwigsburg, danach Dienst in der Nachtjagdstellung Birkhahn bei Belzig. Kontakte zum »Nationalkomitee Freies Deutschland«. Huchel setzt sich im April 1945 ab, gerät in sowjetische Kriegsgefangenschaft und wird in einem Lager in den Rüdersdorfer Kalkwerken östlich von Berlin interniert, wo er Kulturveranstaltungen organisiert.

1945 Tod des Vaters.

1945–1949 Huchel wird Dramaturg, Sendeleiter und Künstlerischer Direktor im Berliner Haus des Rundfunks in der Masurenallee, einer sowjetischen Enklave.

1946 Huchel lernt seine zweite Frau Monica Melis, geb. Rosenthal, kennen und trennt sich endgültig von Dora.

1948 Im Aufbau Verlag erscheint Huchels erstes Buch (*Gedichte*). Er wird im April Vorstandsmitglied des Schutzverbandes Deutscher Autoren und nimmt mit Johannes R. Becher und Paul Wiegler an ersten Redaktionssitzungen für die Zeitschrift *Sinn und Form. Beiträge zur Literatur* teil. Beginn der Freundschaft mit Hans Mayer, Werner Krauss, Arnold Zweig, Stephan Hermlin, Herbert Ihering, Konrad Farner und Ernst Fischer. Huchel erhält einen Brief aus Stockholm von Nelly Sachs, die sich darin an gemeinsame Kindheitstage in Alt-Langerwisch erinnert. 1950 erscheinen zwei Gedichte der späteren Nobelpreisträgerin in *Sinn und Form*.

1949 Geburt des Sohnes Stephan. Mitglied des PEN-Clubs. Beginn der Freundschaft mit Bertolt Brecht.

1949–1962 Chefredakteur von *Sinn und Form*.

1950 Eine Lizenzausgabe der *Gedichte* erscheint im Stahlberg Verlag in Karlsruhe. Huchel zieht mit seiner Familie in das unweit von Alt-Langerwisch gelegene Wilhelmshorst. Beginn der Freundschaft mit Erich und Katja Arendt.

1951 Huchel erhält den Nationalpreis III. Klasse der DDR. Beginn der Freundschaft mit Hans Henny Jahnn.

1952 Ordentliches Mitglied der Deutschen Akademie der Künste (DDR).

1953 Scheidung von Dora Huchel, Heirat mit Monica Melis. Huchel reist im Mai mit anderen Autoren (u. a. Franz Fühmann) in die Sowjetunion und erhält die erste Kündigung als Chefredakteur, die nach Brechts Einspruch zurückgenommen wird. Im Herbst erste Italienreise.

1954 Im September Besuch bei Alfred Döblin in Freiburg. Huchel nimmt an der Tagung der Gruppe 47 in Burg Rothenfels teil. Beginn der Freundschaft mit Ludvík Kundera.

1955 Theodor-Fontane-Preis der Mark Brandenburg. Huchel veröffentlicht Gedichte des noch unbekannten Johannes Bobrowski in *Sinn und Form*.

1956 Tod Bertolt Brechts.

1957 Korrespondierendes Mitglied der Freien Akademie der Künste in Hamburg. Im Oktober Teilnahme an einer Lesung mit Hans Mayer, Walter Jens, Paul Celan, Ingeborg Bachmann, Heinrich Böll und Hans Magnus Enzensberger in Wuppertal. Öffentliche Kritik von Kurt Hager an der Ausrichtung von *Sinn und Form*.

1958 Mitglied der Société de Culture, Venedig.

1959 Plakette der Freien Akademie der Künste in Hamburg. Im Oktober Sendung des Hörspiels *Das Gesetz*. Tod Hans Henny Jahnns.

1960 Teilnahme an einem Symposion mit Hans Mayer, Ingeborg Bachmann, Stephan Hermlin, Hans Magnus Enzensberger, Walter und Inge Jens in Leipzig.

1961 Mitglied der Communità europea degli Scrittori, Rom. Mauerbau in Berlin. Bulgarienreise mit Erich Arendt. Tod der Mutter.

1962 Im Dezember erzwungener Rücktritt als Chefredakteur von *Sinn und Form*.

1963 Huchel erhält im April den West-Berliner Theodor-Fontane-Preis und wird von Kurt Hager und Willi Bredel öffentlich gerügt. Beginn der Isolationszeit, Bespitzelung, Reiseverbot. Besuche von Wolf Biermann, Uwe Grüning, Reiner Kunze, Walter Janka, Günter Kunert, Norbert Randow und Rolf Schneider in Wilhelmshorst. Der Gedichtband *Chausseen Chausseen* erscheint im S. Fischer Verlag in Frankfurt am Main. Ehrenmitglied der Freien Akademie der Künste in Hamburg.

1964 Illegale Räumung des von Huchel angelegten *Sinn und Form*-Archivs in Wilhelmshorst.

1965 Im Januar wahrscheinlich letztes Treffen mit Günter Eich in Berlin. Preis der jungen Generation *Die Welt*, Hamburg.

1966 Ordentliches Mitglied der Akademie der Künste, West-Berlin.

1967 Im Münchner Piper Verlag erscheint der Gedichtband *Die Sternenreuse*. Besuche von Heinrich Böll und Max Frisch.

1968 Der Piper Verlag gibt eine *Hommage* für Peter Huchel heraus. Großer Kunstpreis des Landes Nordrhein-Westfalen.

1970 Ordentliches Mitglied der Bayerischen Akademie der Künste, München. In *The Times* erscheint ein »Appell an Ulbricht«, Huchel gehen zu lassen. Ausreise aus der DDR. Wiedersehen mit Hans Mayer und Ernst Bloch. Als Gast der Villa Massimo in Rom. Ordentliches Mitglied der Deutschen Akademie für Sprache und Dichtung, Darmstadt, die ihm den Johann-Heinrich-Merck-Preis für literarische Kritik verleiht.

1971 In den folgenden Jahren Reisen nach Belgien, England, Holland, Italien, Norwegen, Österreich und in die Schweiz.

1972 Im Suhrkamp Verlag erscheint der Gedichtband *Gezählte Tage*. Österreichischer Staatspreis für Europäische Literatur. Huchel zieht mit seiner Familie nach Staufen im Breisgau. Beginn der Freundschaft mit Marie Luise Kaschnitz und Erhart Kästner. Tod Günter Eichs.

1973 Im Juni Aufenthalt im Rilke-Turm, Schloss Muzot. Beginn der Freundschaft mit Michael Hamburger.

1974 Literaturpreis der deutschen Freimaurer. Lessing-Ring. Andreas-Gryphius-Preis des Landes Nordrhein-Westfalen.

1976 Mitglied des Ordens *Pour le mérite*. In der St. Gallener Erker-Presse erscheinen die Bände *Unbewohnbar die Trauer* und *Der Tod des Büdners*.

1977 Preis des Kulturkreises im Bundesverband der Deutschen Industrie. Europalia-Preis, Brüssel. Huchel unternimmt eine letzte große Italienreise. Tod Ernst Blochs. Auf Einladung des Hamburger Senats in Hamburg, wo die letzten vier Gedichte entstehen.

1978 Wegen eines Hirninfarkts Rückkehr nach Staufen. Jacob-Burckhardt-Preis, Basel.

1979 Im Suhrkamp Verlag erscheint der Gedichtband *Die neunte Stunde*. Eichendorff-Preis, München.

1980 Reinhold-Schneider-Preis der Stadt Freiburg.

1981 Peter Huchel stirbt nach langer Krankheit am 30. April in Staufen.

Auswahlbibliographie

Werkausgaben und Briefe

Gesammelte Werke in zwei Bänden. Bd. 1: Die Gedichte. Bd. 2: Vermischte Schriften. Herausgegeben und erläutert von Axel Vieregg. Frankfurt am Main 1984.

Johannes Bobrowski – Peter Huchel: *Briefwechsel*. Mit einem Nachwort und Anmerkungen herausgegeben von Eberhard Haufe. Stuttgart 1993.

Hans Henny Jahnn – Peter Huchel: *Ein Briefwechsel 1951–1959*. Herausgegeben von Bernd Goldmann. Mainz 1975.

Wie soll man da Gedichte schreiben. Briefe 1925–1977. Herausgegeben von Hub Nijssen. Frankfurt am Main 2000.

Sekundärliteratur

Hans Mayer (Hg.): *Über Peter Huchel*. Frankfurt am Main 1973.

Axel Vieregg: *Die Lyrik Peter Huchels. Zeichensprache und Privatmythologie*. Berlin 1976.

Axel Vieregg (Hg.): *Peter Huchel*. Frankfurt am Main 1986 (suhrkamp taschenbuch materialien) – Mit ausführlicher Bibliographie.

Ulrike Edschmidt: *Verletzte Grenzen. Zwei Frauen, zwei Lebensgeschichten*. Hamburg 1992 – Über Monica Huchel und Lotte Fürnberg.

Uwe Schoor: *Das geheime Journal der Nation. Die Zeitschrift »Sinn und Form«, Chefredakteur Peter Huchel 1949–1962*. Berlin, Bern u. a. 1992.

Hub Nijssen: *Der heimliche König. Leben und Werk von Peter Huchel.* Nijmegen 1995. Erweiterte Ausgabe: Würzburg 1998.

Peter Walther (Hg.): *Peter Huchel. Leben und Werk in Texten und Bildern.* Frankfurt am Main, Leipzig 1996.

Hub Nijssen, Lutz Seiler, Sebastian Kiefer und Ludwig Völker: »Peter Huchels Spuren«. 4 Essays. In: *Sprache im technischen Zeitalter*, Nr. 150, Juli 1999, S. 136–216.

Lutz Seiler und Peter Walther (Hg.): *Peter Huchel.* München 2003 (Text+Kritik, H. 157).

Matthias Braun: *Sinn und Form. Ein ungeliebtes Aushängeschild der SED-Kulturpolitik. Analysen und Dokumente.* Bremen 2004 (Wissenschaftliche Reihe des Bundesbeauftragten, Bd. 26).

Andreas Möller: »Peter Huchel«. In: Ursula Heukenkamp und Peter Geist (Hg.): *Deutschsprachige Lyriker des 20. Jahrhunderts.* Berlin 2006, S. 293–306.

Christoph Meckel: *Hier wird Gold gewaschen. Erinnerungen an Peter Huchel.* Lengwil 2009.

Im Kieferngewölbe. Peter Huchel und die Geschichte seines Hauses. Mit Beiträgen von Hendrik Röder, Lutz Seiler und Peter Walther. Berlin 2012.

Wolfgang Menzel: *Huchel und Joachim auf dem Sulzburger Friedhof.* Marbach am Neckar 2016 (Spuren, Bd. 111).

Das Kapitel zu *Sinn und Form*, S. 49–63, ist entstanden aus dem Aufsatz: Matthias Weichelt: »›Was zum Feuilleton gehört, kommt nicht in Frage.‹ Peter Huchel und die Zeitschrift ›Sinn und Form‹«. In: *Offener Horizont. Jahrbuch der Karl Jaspers-Gesellschaft.* Herausgegeben von Matthias Bormuth. Bd. 2, Göttingen 2015, S. 161–170.

Bildnachweis

S. 8, 14 (o.), 50 (u.), 52 (u.), 64, 68 (o. l.), 68 (u. l.), 70 (u.), 72 (o. l.), 74, 78, 84 Archiv Mathias Bertram; S. 10 Archiv Mathias Bertram, mit freundlicher Genehmigung von Brigitte Maria Mayer und Suhrkamp Verlag; S. 12, 16, 22, 28 (u.), 30 (o.), 34, 36, 40 (o.), 46 (u.), 52 (o. l.), 60 (u.) Deutsches Literaturarchiv Marbach; S. 14 (u.), 20, 72 (u.) Peter Walther; S. 24 Bundesarchiv Bild 183-J0305-0600-003; S. 26 (o.) Archiv Peter Walther; S. 26 (u.) Bundesarchiv Bild 146-1970-051-65; S. 28 (o.) Irene Mason, England; S. 32 (o.) Deutsches Literaturarchiv Marbach / © VG Bild-Kunst, Bonn 2018; S. 38 (o.) Fred Stein Estate; S. 38 (u.) ullstein bild; S. 42 Christoph Meckel; S. 44 Deutsches Literaturarchiv Marbach / Mirjam Eich; S. 46 (o.) Bundesarchiv Bild 183-1983-0426-313; S. 48 Archiv Mathias Bertram / © VG Bild-Kunst, Bonn 2018 / Rebecca und Constantin Kesting; S. 50 (o.), 54–57, 66, 72 (o. r.) Akademie der Künste, Redaktionsarchiv »Sinn und Form«, Nr. 57, Nr. 58, Nr. 46/1, Nr. 46/13; S. 52 (o. r.) Akademie der Künste, Arendt-Archiv, Sign.-Nr. 1404_001; S. 60 (o. l.) Bundesarchiv Bild 183-31817-002; S. 60 (o. r.), 70 (o. l.) Akademie der Künste, Berlin, Kunstsammlung, Inv.-Nr. DR 6039, Inv.-Nr. HZ 4990 / Elizabeth Shaw Erben; S. 62 Privatarchiv Eva Maurer; S. 70 (o. r.) Akademie der Künste, Arendt-Archiv, Sign.-Nr. 1558_006_003 / Foto-Rille, München; S. 76 BStU, Sign.-Nr. ANS AOP 16578/79; S. 80 (o.) Haus der Geschichte Baden-Württemberg, Sammlung Leif Geiges / Vorlage: Akademie der Künste, Günter-Grass-Archiv, Nr. 1578; S. 80 (u.) Bundesarchiv B 145 Bild-F036555-0009

Dank

Besonderer Dank an das Archiv der Akademie der Künste, den Suhrkamp Verlag sowie an Roland Berbig, Mathias Bertram, Laetitia Lenel, Eva Maurer und Michael Rölcke.

Impressum

Gestaltungskonzept: *Groothuis, Lohfert, Consorten, Hamburg | glcons.de*

Layout, Satz und Reproduktionen: *Angelika Bardou,* Berlin

Lektorat: *Michael Rölcke,* Berlin

Gesetzt aus der *Minion Pro*

Gedruckt auf *Lessebo Design*

Druck und Bindung: *Grafisches Centrum Cuno, Calbe*

Umschlagabbildung: Peter Huchel 1964 in Wilhelmshorst.
Foto: Roger Melis

Bibliografische Information der Deutschen Nationalbibliothek
Die Deutsche Nationalbibliothek verzeichnet diese Publikation in der Deutschen Nationalbibliografie; detaillierte bibliografische Daten sind im Internet über http://dnb.dnb.de abrufbar.

Deutscher Kunstverlag Berlin München
Paul-Lincke-Ufer 34
D-10999 Berlin
www.deutscherkunstverlag.de

ISBN 978-3-422-07458-3